子ども・子育て支援制度を読み解く

その全体像と今後の課題

Kashiwame Reiho 柏女 霊峰

誠信書房

はじめに

平成27年度から、子ども・子育て支援制度が始まった。子ども・子育て支援制度の創設については、平成15年の「社会連帯による次世代育成支援に向けて」と題する報告書を、厚生労働省に設置された研究会が公表して以来の懸案であり、その後、平成19年12月、今から7年以上前から本格的な議論が開始されて法制定に至っている。いわば12年越しの構想の実現ということになる。新制度の特徴は以下の4点であり、いわば育児への介護保険モデルの適用であり、かつ、従来からの懸案であった幼保一体化の推進であるといえる。

(1) 保育需要の掘り起こし（保育の必要性の認定）
(2) 保育需要に見合うサービス確保の仕組み（認可制度改革、確認制度）
(3) 必要な財源の確保（消費税財源）
(4) 幼保一体化できる仕組みの実現

本制度の淵源は、平成12年の介護保険法施行ならびに社会福祉法の制定・施行、すなわち社会福祉基礎構造改革にさかのぼることができる。その年、高齢者福祉制度において介護保険制度が創設された。また、障害者福祉制度において支援費制度が始まり、それは平成17年の障害者自立支援法に基づく障害者施設等給付制度につながった。

子ども家庭福祉・保育においてはその12年後、紆余曲折を経て、平成27年度から子ども家庭福祉・保育制度の一環として、子ども・子育て支援制度が創設されたのである。社会福祉基礎構造改革から15年、ようやく、高齢者福祉、障害者福祉、子ども家庭福祉・保育の三分野それぞれに、狭義の公的福祉制度と個人の尊厳、利用者主権を重視する給付制度との併存システムが実現したことになる。

子ども・子育て支援制度は、いわゆる社会づくり政策としての福祉改革と、人づくり政策としての教育改革の結節による所産である。この制度の背景は、①待機児童対策、②地域の子どもを親の事情で分断しないこと、親の生活状況が変化しても同じ施設に通えること、③幼児期の教育の振興、３歳以上の子どもに学校教育を保障すること、④全世代型社会保障の実現、の４点といえる。その根底を支える理念は、いわゆるソーシャル・インクルージョン（social inclusion　社会的包摂）でなければならない。すべての子どもと子育て家庭が制度から漏れることなく、切れ目のない支援を受けられる社会、乳幼児期から質の高い教育を受けることができる社会を目指すことを主眼としている。しかし、まだまだ課題は多く、社会づくりはまだ始まったばかりである。

本書は、こうした子ども・子育て支援制度の全体像を描き出し、今後の課題を考察することを目的としている。子ども・子育て支援制度創設の背景、概要、意義、今後の課題等について整理するとともに、子ども家庭福祉・保育の各領域における最新の動向を、本制度と関連付けて解説している。それらは、著者が政府や地方自治体の子ども・子育て会議ならびに関連する審議会の責任者等として進めてきた実践からの考察を伴うものである。いわば、時代とともに走りながら考えた書であるといってよい。

その意味で、本書は、４年前に発刊した『子ども家庭福祉・保育の幕開け――緊急提言　平成期の改革はどうあるべきか』の続編といってよい。前著が平成期の子ども家庭福祉の進展を整理して、子ども・子育て支援制度創設までの経緯を俯瞰しつつ考察を深めたものであるのに対して、本書は、子ども・子育て支援制度が始まったことを受けて、その概要を整理するとともに、今後の課題を俯瞰するものである。

本書が子ども・子育て支援に携わる多くの方々に読まれ、そのことによって子ども・子育ての福祉が少しでも進んでいくならば、これにすぎる喜びはない。利用者を中心に据える子ども・子育て福祉改革は、始まったばかりなのだから。

平成27年8月

柏女　霊峰

目　次

第1章 子ども・子育て支援制度[*1]の概要

1 新たな子ども・子育て支援の仕組み

平成24年8月22日、「子ども・子育て支援法」「就学前の子どもに関する教育、保育等の総合的な提供の推進に関する法律の一部を改正する法律」「子ども・子育て支援法及び就学前の子どもに関する教育、保育等の総合的な提供の推進に関する法律の一部を改正する法律の施行に伴う関係法律の整備等に関する法律」の、いわゆる子ども・子育て関連3法が公布された。政局もからみ紆余曲折のうえ、子ども・子育ての新た

---

*1 子ども・子育て支援制度は、制度発足前は「子ども・子育て支援新制度」と総称されていたが、子ども・子育て支援法施行後は、政府はしばらく「新制度」とする方針としても、正確には子ども・子育て支援法に基づく基本指針により、「子ども・子育て支援制度」と総称されることが適当である。したがって、本書においては、「子ども・子育て支援制度」の用語を用いることとする。そのほうが、介護保険法に基づく介護保険制度やいわゆる障害者総合支援法に基づく障害者施設等給付制度との対比が明確化されると考えるからである。

な仕組みが船出することとなったのである。施行は、一部を除いて平成27年度からである。子ども・子育て支援制度の構想が最初に提言されたのは平成15年[*2]であり、12年越しの政策がようやく創設されたのである。

本制度を端的にいえば、その目的のひとつであった全世代型社会保障の実現、すなわち「介護が必要になったら介護給付、育児が必要になったら子ども・子育て支援給付」であり、介護保険制度を模した仕組みの導入であるといってよい。これに、待機児童対策、幼保一体化、幼児期の教育の振興の三つの視点が加わることとなる。すなわち、いわゆる社会づくり政策と人づくり政策との結節点に、この制度が創設されたといえるのである。

2　新制度検討の背景と目的

新制度導入の背景としては、以下の4点がある。すなわち、①待機児童対策、②地域の子どもを親の事情で分断しないこと、親の生活状況が変化しても同じ施設に通えること、③幼児期の教育の振興、3歳以上の子どもに学校教育を保障すること、④全世代型社会保障の実現、である。

まず、第3次ベビーブームとその後の就学前児童の大幅減少を見越したこれまでのいわゆる保育所への詰め込み政策[*3]では、待機児童解消が困難であることが新制度検討の大きな要因となっている。第二に、地域の子どもを親の事情で保育所と幼稚園に分断せず、ともに育てていこうという幼保一体化の視点[*4]がある。たとえば、共働きをやめるなど親の生活が変化しても、子どもが同じ施設で保育できるというメリットもある。第三に、世界的趨勢となっている幼児期の教育の振興にならい、幼児期に対する社会的投資を行うことが社会の安定につながるという視点[*5]がある。そして、最後に、高齢者に偏っている社会保障給付を子ども、若者世代の支援にも充当し、高齢者中心型社会保障から全世代型社会保障に転換していくことが必要[*6]という認識がある。

このようなことを背景として、これまで年金、医療、介護に用いられていた財源を子ども・若者にも充当するという観点から、社会保障・税一体改革による社会保障制度再構築と税制改革を一体実施する政策の一環として、新制度導入に至ったということができる。

＊2　平成15年8月、厚生労働省に設置された、次世代育成支援施策の在り方に関する研究会が出した報告書である「社会連帯による次世代育成支援に向けて」が、最初に子ども・子育て支援制度の創設を提言している。著者も、委員として参画した。

＊3　主として規制緩和政策により待機児童解消を目指すこととされ、具体的には、平成12年度からの認可保育所の設置主体制限の撤廃、最低基準の遵守を原則としつつ定員とかかわりなく乳幼児の受け入れが許容されたこと、最低基準上の保育士定数に短時間勤務保育士を充てることが容認されたこと、保育所の調理業務について施設内の調理室における委託調理が容認され、3歳以上児については給食の外部搬入も容認されたこと、土地・建物について賃貸方式が容認されたことなどがある。

＊4　幼保一元化は長年の検討課題とされて論議が続けられていたが、昭和36年の厚生省・文部省の連名通知により、幼稚園と保育所はそれぞれ別の目的と機能を持つ施設として、別々の道を歩むこととなった。いわゆる幼保二元化である。幼保連携型認定こども園の創設は、わが国が幼保一元化に舵を切ったことを意味すると考えられる。

＊5　わが国は、ＯＥＣＤ諸国のなかでも、幼児期の教育に対する社会的投資の少ない国とされ、その強化が必要とされている。

＊6　わが国の社会保障財源の70％は65歳以上の高齢者に対して給付され、子育て家庭・家族に対する給付はわずか5％程度である。その若者や子育て家庭に対する給付を強化することで、全世代型社会保障を実現することが必要と認識されている。

3　基本構造

新しい子ども・子育て支援の仕組みは、子ども・子育て支援分野に充当する財源を増やし、子育てに関するさまざまな社会資源をできる限り一元化された仕組み[*7]にまとめ、保育、子育て支援サービスを中心に給付を行う仕組みを創設するものである。給付の基本構造としては、「子ども・子育て支援給付」を創設して市町村を基礎自治体とした一元的システムとすることとし、国の基本指針[*8]に基づいて自治体が策定する市町村子ども・子育て支援事業計画や、都道府県子ども・子育て支援事業支援計画により、各種の給付・事業を実施する。

内閣府には法定審議会である子ども・子育て会議[*9]、都道府県、市町村にはそれぞれ地方子ども・子育て会議ともいうべき合議機関を設置（努力義務）し、その意見を聴きつつ計画を策定することとしている。そのうえで、その計画に基づいて、各種の給付を行う仕組みを定めるものとしている。

4　給付の全体像

給付の全体像としては、子ども・子育て支援給付として子どものための現金給付（児童手当）と、子どものための教育・保育給付の二つがあり、後者は施設型給付と地域型保育給付とに分けられる。施設型給付の対象となる教育・保育施設には、幼保連携型認定こども園[*10]、保育所、幼稚園、幼保連携型以外の認定こども園がある。地域型保育給付の対象となる事業には、小規模保育事業、家庭的保育事業、居宅訪問型保育事業、事業所内保育事業がある。

教育・保育施設や地域型保育事業については、認可基準を満たしていれば原則として認可する制度とするとともに、市町村が運営基準等の確認（確認としては、建物・設備の概要、利用定員、運営基準、業務管理体制等）により、施設型給付や地域型保育給付による財政支援の対象とする制度として、量的拡大を図ることとなる。なお、本制度施行以前からある認定こども園（幼保連携型認定こども園については旧制度が廃止されるため、新たな制度に移行したもののみ）、幼稚園、保育所は、原則として、施設型給付を受ける確認があったものと見なされる。地域型保育給付の対象事業は、これまでの事前届出制から市町村の認可制に移行することとなる。なお、国の省令基準をもとに、都道府県（幼保連携型認定こども園）や市町村（教育・保育施設、地域型保育給付対象4事業）において、設備及び運営等に関する基準や運営基準[＊11]が定められる。

また、地域子ども・子育て支援事業（子ども・子育て支援法第59条）として、利用者支援事業、延長保育

＊7　育児休業時の育児休業給付財源と乳児保育財源、健康保険の出産手当金と雇用保険の育児休業給付の統合等財源統合や、在宅サービスは市町村で施設入所サービスは都道府県といった二元行政の解消等は、残された課題として認識されている。

＊8　正式名称は、「教育・保育及び地域子ども・子育て支援事業の提供体制の整備及び子ども・子育て支援給付及び地域子ども・子育て支援事業の円滑な実施を確保するための基本的な指針」である。

＊9　子ども・子育て支援法で内閣府に設置が規定された法定審議会であり、２０１３年5月から開催されている。基準検討部会も設置されている。会議は公開であり、資料、議事録のほか動画も配信されていて、内閣府ホームページから視聴が可能である。

＊10　政府は幼保連携型認定こども園を認定こども園に含めているが、他の3種の認定こども園とは別物のまったく新しい学校であり、児童福祉施設であるため、著者は別にとらえたほうがよいと判断している。したがって、幼保連携型認定こども園は独立して扱うこととする。

＊11　運営基準の正式名称は、「特定教育・保育施設及び特定地域型保育事業の運営に関する基準」である。

事業、実費徴収に係る補足給付を行う事業、多様な事業者の参入促進・能力活用事業、放課後児童健全育成事業、子育て短期支援事業、乳児家庭全戸訪問事業、養育支援訪問事業・子どもを守る地域ネットワーク機能強化事業、一時預かり事業、地域子育て支援拠点事業、病児保育事業、子育て援助活動支援事業（ファミリー・サポート・センター事業）、妊婦健康診査、の13事業が用意されている。なお、放課後児童健全育成事業は小学校卒業までが対象となりうることが明示され、設備及び運営に関する省令基準も定められている。その基準に基づき、市町村が条例を定めている。

5　幼保連携型認定こども園

幼保連携型認定こども園は、学校教育・保育及び家庭における養育支援を一体的に提供する施設とし、いわゆる認定こども園法による教育基本法第6条第1項に基づく学校[*12]、児童福祉法に基づく児童福祉施設及び社会福祉法に基づく第2種社会福祉事業として位置付けられる。設置主体は原則として、国、地方公共団体、学校法人、社会福祉法人とされる。

幼保連携型認定こども園には、学校教育と保育を担う職員として新たに保育教諭等が置かれる。保育教諭は資格名ではなく職名であり、幼稚園教諭免許状と保育士資格を併有することが原則である。なお、新たな制度の施行から5年間は、片方の資格、免許のみでも保育教諭になることができる。

設置認可、指導監督等は都道府県単位とし、政令指定都市、中核市には権限移譲される。認可基準は、内閣府省令である「幼保連携型認定こども園の学級の編制、職員、設備及び運営に関する基準」である。供給過剰による需給調整が必要な場合以外は、原則として認可する。都道府県は、認可にあたって市町村に協議する。なお、施設型給付の確認主体は市町村である。一定の条件のもとで臨時休業も認められ、新たに名称使用の制限が設定される。保育所、幼稚園からの幼保連携型認定こども園への移行は義務付けられないが、両施設からの認可替えには認可基準の特例が設けられるなど、移行への政策的な促進策が実施される。内容については、内閣府、厚生労働省、文部科学省の1府2省による告示である「幼保連携型認定こども園教育・保育要領」に基づくこととされる。

6　保育の利用方式——公的契約

保育の利用方式については、例外のない保育の保障の観点から、市町村が客観的基準に基づき、教育・保育の必要性を認定する仕組みとする。施設型給付及び地域型保育給付の受給資格にかかる認定の事由については、保護者本人の事由により判断することを基本とするなど、現行の「保育に欠ける」要件より広くする。具体的には、求職活動、就学のほか、虐待・DVのおそれ等を含む10項目が規定された。

また、教育・保育の必要性の認定区分は、1号認定（教育標準時間認定〈満3歳以上で学校教育のみ利用〉）、2号認定（満3歳以上の保育認定）、3号認定（満3歳未満の保育認定）であり、2号、3号の保育認定については、保育短時間認定（パートタイム就労を想定。最低就労時間月48～64時間の間で市町村が決

＊12　政府提案の総合こども園法案においては株式会社等も参入できることとしており、また、児童福祉施設でもあることから、株式会社の参入を認めていない学校教育法上の「学校」と規定することができず、いわゆる認定こども園法上の「学校」とされた経緯がある。権限や機能は幼稚園と変わらない。

めた時間〈10年間の経過措置あり〉）と、保育標準時間認定（フルタイム就労を想定。最低就労時間月120時間程度）の2類型が考えられている。認定されれば、支給認定証が保護者に発行される。保育短時間認定の場合は1月当たり平均200時間まで（1日当たり8時間まで）、保育標準時間認定の場合は1月当たり平均275時間まで（1日当たり11時間まで）の利用が可能となる。利用にあたっては、子どもの最善の利益を考慮した時間[*13]とすることが求められる。

利用調整に関し、希望が多い場合には選考が行われる。選考のための基準も、現行基準を参考に検討される。優先利用は、ひとり親家庭、生活保護家庭、虐待・DVのおそれ、障害児童、育児休業明け、きょうだいで同一の保育所等の利用希望、地域型保育事業の卒園児童等がある。

また、市町村は、待機児童が発生しているなど必要と認められる場合には、利用者の利用の調整、施設への利用の要請を実施することとされている。被虐待児童や障害児童等、特別な配慮を必要とする子どもの場合も、市町村が利用可能な教育・保育施設のあっせんを行う。やむを得ない事由[*14]により利用できない子どもには、市町村による保育の措置も行われる。

契約については、幼保連携型認定こども園、その他の種類の認定こども園、新たな仕組みである施設型給付を受ける幼稚園ならびに地域型保育給付については、市町村の関与のもと保護者が自ら施設・事業を選択し、施設・事業と契約する公的契約となる。施設型給付及び地域型保育給付については、保護者に対する個人給付を原則とするが、実際には施設・事業者に対して支払われる（法定代理受領方式[*15]）。

なお、私立保育所は保育の実施義務が継続するため、市町村が委託する制度が存続[*16]することとなる。すなわち、保育認定を受けた保護者が市町村に利用希望を付したうえで申し込みし、市町村が要件を確認したうえで入所の決定を行う。費用については施設型給付ではなく、市町村が施設に対して保育所入所児童に関する個人給付分を委託費として支弁し、保育料も市町村が徴収する。この場合の契約は、市町村と利用者との間で行われる。

7 費用ならびに利用料負担等

保育の利用に要する費用は、子どものための教育・保育給付費負担金等として、保育の実施義務を負う市町村が教育・保育施設に支弁することとなる。保育所の場合、市町村は保護者から保育費用の徴収を行い、民営保育所の場合、国庫は、市町村が支弁した総額から厚生労働大臣が定める基準によって算定した徴収金の額を除いた額を基本額として、その2分の1を負担し、残額のそのまた2分の1を都道府県が負担することとなっている。

この場合の運営費の算定については、保育所の経営や経理の実態、執行上の事務処理能力等を勘案し、地域、定員規模、子どもの年齢区分等に応じて、全国的に統一的な保育単価（月額）を設けて支弁基準として

＊13　介護給付は利用量と利用料金とが連動しているため、それが一種の利用抑制システムとして機能しているが、子どものための教育・保育給付は、認定された最大時間を利用しても保育料は変わらないため、保育サービスの濫用を招きやすいシステムであるということができる。

＊14　被虐待やネグレクトにより利用に至らない場合が想定されている。

＊15　介護保険制度による給付のように、本来なら利用者に対する給付を、そのサービスが利用者に確実に使われるようにするため、利用者が利用した事業者に対して給付を行う方法のことである。

＊16　平成24年6月の民主党、自民党、公明党の3党合意による政府提案の法律の修正により、保育所における保育については、市町村が保育の実施義務を引き続き担うこととされた。

いる。市町村は、毎月この保育単価に各月初日の児童数を乗じて得た額を、保育所に対して支弁することとされている。

また、この場合の保護者からの徴収金の額、すなわち保育料については、家計への影響も考慮しつつ子どもの年齢等に応じて定める額とすることが、基本的な考え方となっている。なお、公設公営保育所の運営費については全額市町村負担とされ、その分については地方交付税交付金によって手当てされていることになっている。幼保連携型認定こども園の場合は、利用が公的契約となるため保育料の徴収は園が行うこととなるが、運営費や利用額の算定方法等については、保育所の場合と変わらない。

8　従事者の資質向上

子ども・子育て支援制度においては、幅広い従事者の確保と資質向上も大きなテーマとされている。そのため、後述する子育て支援員研修・登録の制度創設と同時に、研修の充実も図られている。

子育て支援員とは、都道府県、市町村により実施される基本研修及び専門研修を修了し、「子育て支援員研修修了証書」の交付を受けたことにより、保育や子育て支援分野の各事業等に従事するうえで必要な知識や技術等を修得したと認められる者のことをいう。平成27年度から創設されている。実施主体は都道府県、市町村のほか、指定を受けた団体等であり、基本研修（8科目8時間）のほか、専門研修（地域保育、地域子育て支援、放課後児童、社会的養護の4コースがあり、研修科目、時間数はそれぞれ異なる）を受講後、修了証書が交付される。地域人材を幅広く活用することを目指す制度である。

また、新制度導入に伴って、平成27年度から創設された子ども・子育て支援対策推進事業費補助金のなかの、職員の資質向上・人材確保等研修事業においては、保育所や地域型保育事業等各種保育人材や放課後児童支援員等の資質向上、資格認定のための研修事業が、幅広く展開されることとなっている。

9　財政負担、所管

財政負担に関しては、施設型給付・地域型保育給付の負担割合は、国が2分の1、都道府県が4分の1、市町村が4分の1となる。ただし、施設型給付のうち公設公営施設については現行同様に、地方税による一般財源または地方交付税によって、市町村が全額手当てする。

また、事業主拠出金を充当する対象範囲は、延長保育事業、病児保育事業、放課後児童健全育成事業の3事業（子ども・子育て支援法第69条第1項）に限定される。事業主拠出は、従来の児童手当拠出金と同様に厚生年金ルートでの拠出とし、拠出金率の上限は1・5‰と法定化された。

子ども・子育て支援法やいわゆる認定こども園法の所管は、内閣府、厚生労働省、文部科学省となり、内閣府に子ども・子育て本部が設置され、担当大臣が置かれている。

10　今後の方向と検討課題

以上が新たな仕組みの概要であるが、子ども・子育て支援法、改正認定こども園法の附則において、①幼稚園教諭、保育士資格の一体化を含めたあり方検討、②幼稚園教諭、保育士、放課後児童指導員の処遇改善と復職支援・人材確保、③安定財源の確保、④2年後を目処として行政組織の見直し、⑤次世代育成支援対策推進法の延長の検討事項が提示されている。

②については新制度の施行を待たずに一部先行して実施され、④については準備室を経て子ども・子育て本部の設置が行われ、⑤については10年間の延長と地域行動計画策定の任意化が行われた。なお、社会保険財源と税財源との関係整理・統合（健康保険、雇用保険給付と施設型給付等）や、労働政策と保育政策との整合性の確保（たとえば、育児休業給付と乳児保育の関係）等、先送りされた事項もあり、５年後の見直しに向けた検討も必要とされる。

また、現在、子ども家庭分野の社会保障財源は２兆円強であるが、これに消費税財源からの充当（国、地方を合わせて７千億円。消費税が10％となった満年度）を含めて１兆円超程度の追加財源を投入することとされており、これにより、社会保障給付における子ども家庭分野の給付割合を強化することとされている。なお、平成27年度政府予算においては、消費増税による増収額から、子ども・子育て支援の充実に５千１８９億円が確保され、上記７千億円の範囲で実施することとされていた「質の改善」項目は、すべて実施されることとなった。これは、市町村子ども・子育て支援事業計画集計による量の増加見込みが平成27年度は８・２万人分であり、すべての「質の改善」項目を実施しても５千１８９億円で充足することによる。なお、これらは、消費税収から投入される７千億円が追加されることを前提にしたものであり、今後、さらに３千億円強が充当される見通しが立てば、さらなる質の向上が図られる見込み[*17]となっている。

＊17　たとえば、子ども・子育て会議における議論では、研修機会の充実、給与の５％アップ、保育サービスにおける１歳児や４、５歳児の職員配置の改善、社会的養護における大学進学者の経費補助等、多くの事項が考えられている。

第2章

子ども・子育て支援制度と保育

保護者の就労や疾病等により、保育を必要とする乳幼児のためのサービス体系が、保育サービスである。平成27年度に創設された子ども・子育て支援制度の中心施策として、同年度から戦後最大の制度改正が行われており、経過措置も含め、現在大きな転換期を迎えている。本章においては、保育サービス（地域子ども・子育て支援事業の保育関係事業を含む）の概要について整理するとともに、保育士確保対策の必要性等、保育士の課題についても解説する。

1 認可保育所

現在、就学前の保育サービスとしては、特定教育・保育施設と総称される幼保連携型認定こども園、保育所、幼保連携型以外の認定こども園、新制度に参入した幼稚園のほか、小規模保育事業、家庭的保育事業、居宅訪問型保育事業、事業内保育事業といった地域型保育事業、ベビーホテルのような認可外保育施設、ベ

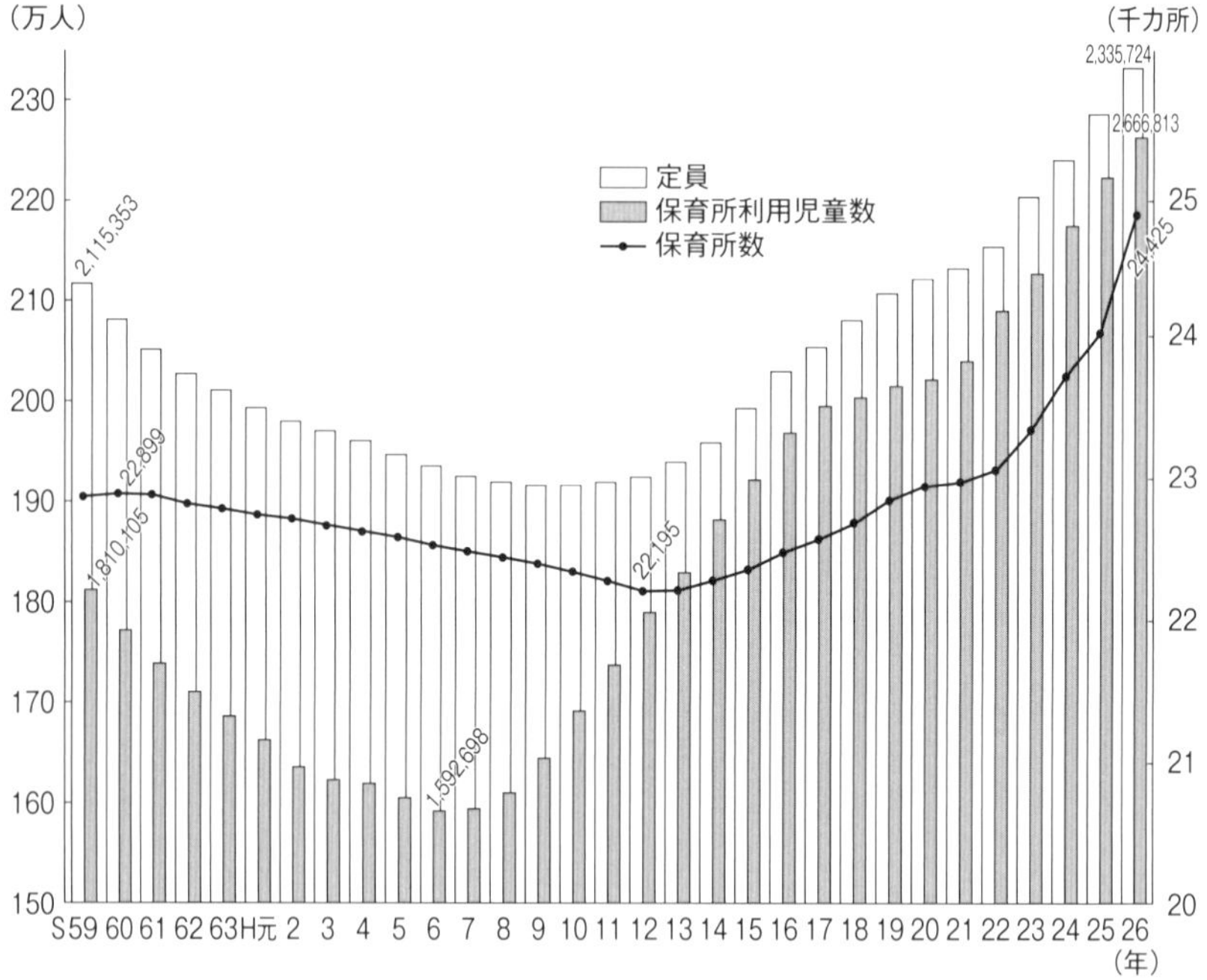

図 2-1　保育所の定員・利用児童数等の推移

（厚生労働省公表資料「保育所関連状況とりまとめ」，2014 を著者一部改変）

ビーシッター等、多様な形態があるが、現在のところ認可保育所が中心となっている。

（1）認可保育所の動向

認可保育所は平成26年4月1日現在、全国に2万4千425カ所あり、このうち公営が46・7％、私営が53・3％（いずれも平成22年度）となっており、近年の民営化、民間移管の進展によりその差が広がっていると見られる。入所児童数は約226・7万人である。保育所の定員・利用児童数等の推移は**図2-1**のとおりであり、入所児童数は近年の社会情勢を反映して増加が著しく、統計史上最高を更新している。それでも、いわゆる待機児童[*18]はほとんど減少せず、平成26年4月現在で2・1万人となっている。また、保護者の就労形態の多様化等により保育ニーズも多様化している。その一方、過疎地においては乳幼児の減少により保育サービスの継続そのものが深刻になりつつあり、こうした二極化した課題への対応も緊急を要している。

（2）保育所への入所

保育所は、「保育を必要とする乳児・幼児を日々保護者の下から通わせて保育を行うことを目的とする」（児童福祉法第39条）児童福祉施設である。保育所の利用には保育認定を受けることが必要とされるが、子ども・子育て支援法施行規則第1条に、保育を必要とする認定の基準[*19]が定められている。保育所に対する入所決定すなわち「保育の実施」は市町村が行い、そのため市町村は、同施行規則第1条に従って条例を定めている。保育所への入所の決定手続き、運営費、保育料等については、以下のとおりである。

保育所入所の場合、まず市町村は、保育の必要性の認定を受けた保護者から入所の申し込みがあったとき

＊18　保育所入所申込書が区市町村に提出され、かつ、入所要件に該当しているものであって、現に保育所に入所していない児童。

＊19　同条によると、支給認定の要件は以下のとおりである。①1月において、48～64時間までの範囲内で月を単位に市町村が定める時間以上労働することを常態とすること。②妊娠中であるか又は出産後間がないこと。③疾病にかかり、若しくは負傷し、又は精神若しくは身体に障害を有していること。④同居の親族（長期間入院等をしている親族を含む）を常時介護又は看護していること。⑤震災、風水害、火災その他の災害の復旧に当たっていること。⑥求職活動（起業の準備を含む）を継続的に行っていること。⑦次のいずれかに該当すること（具体的には、就学、職業訓練、虐待や配偶者暴力のおそれがあること、育児休業取得時にすでに保育を利用している子どもがいて、継続利用が必要であること、その他市町村が認める場合）。

は、それらの乳幼児を保育所において保育しなければならないこととされている。その際、保護者は希望する保育所を選んで申し込むこととなるが、その際の判断材料として、市町村及び各保育所から、保育所の施設、設備の状況及び運営の状況、保育の内容等に関する事項が情報として提供される。

　次に、市町村は申し込みのあった乳幼児の状況を確認し、適当と思われる場合は、保護者が希望する保育所において保育の実施を決定する。希望者が保育所の定員を一定以上超える場合には、市町村において定めた客観的な選考方法や選考基準に基づき、入所者の選考による調整が行われることとなる。選考に漏れた利用者は、第二希望以下の保育所に市町村が入所の調整を行う。この選考は行政不服申立ての対象とされる。この市町村の決定により、保護者は子どもを希望する保育所に入所させ、保育所は乳幼児に保育サービスを提供することとなる。

　それに要する費用については、保育の実施を決定した市町村が、当該利用者に対する個人給付分を委託費として全額保育所に支払い、市町村がその保護者から費用の徴収（通常「保育料」と呼ばれる）を行うこととなる。費用の徴収額は、徴収が家計に与える影響や、入所する乳幼児の年齢等に基づいて決定される。そして、残った額の2分の1を国庫が国の精算基準に基づいて負担し、そのまた2分の1を都道府県が負担する仕組みとなっている。ただし、公設公営保育所の場合は、平成16年度から国、都道府県の負担が一般財源化されており、全額市町村の負担となっている。

　なお、子どもが保育を必要とする状況にあっても保護者が入所の申し込みを行わない場合には、市町村は保護者に対して、入所の申し込みを行うよう勧奨する義務が課せられており、職権保護である措置による入所も行われる。

（3）保育所の設備・運営

保育所の設備については、国レベルにおいては児童福祉施設の設備及び運営に関する基準に規定され、2歳未満と2歳以上で設備基準が分けられている。また、職員については、保育士、嘱託医、及び原則として調理員が必置であり、このうち保育士の配置基準は、乳児は3人、1～2歳児は6人、3歳児は20人（15人に1名以上とする加算措置がある）、4歳児以上は幼児30人につき、それぞれ保育士1人以上配置することとされている。

保育所の開所時間は11時間を標準とし、保育時間は1日につき8時間を原則として、保育所長が決めることとされている。保育所における保育の内容は、同基準第35条[*20]に基づいて養護及び教育を一体として、厚生労働大臣告示「保育所保育指針」を基準として実施される。

（4）認可保育所にかかる規制緩和と民営化

近年、待機児の解消や多様な保育ニーズに応じて、機動的かつ柔軟に保育サービスを提供することを目指して、認可保育所をめぐる各種の規制緩和が実施されている。その主なものは、以下のとおりである。

なお、平成12年度から、いわゆる地方分権一括法[*21]ならびに厚生労働省通知により認可保育所の設置主体制

＊20　児童福祉施設の設備及び運営に関する基準第35条は、「保育所における保育は、養護及び教育を一体的に行うことをその特性とし、その内容については、厚生労働大臣が定める指針に従う」と規定している。

＊21　平成12年4月、いわゆる地方分権一括法が施行され、国と地方の役割分担の明確化、機関委任事務制度の廃止、国の関与のルール化等が図られた。機関委任事務制度の廃止により通知は技術的助言の位置付けとなり、この結果、保育所の設置主体制限は撤廃されることとなった。

限の撤廃が行われ、株式会社や農協、生協、その他ＮＰＯ等も、認可保育所の設置が可能となった。さらに、公設保育所の運営委託先制限も撤廃され、ＰＦＩ方式や指定管理者制度の導入等により、公設公営保育所の民営化や民間移譲は大きく進んでいる。

①「人」に関する規制緩和

- ●待機児解消、年度途中の産休・育休明けの児童受け入れのため、最低基準の遵守を原則としつつ、定員とかかわりなく受け入れが許容された。
- ●一定の要件のもとで、最低基準上の保育士定数に、短時間勤務保育士を充てることが容認された。
- ●保育所の最低定員が、30人から20人に引き下げられた。

②「設備」に関する規制緩和

- ●保育所の調理業務について、施設内の調理室における委託調理が容認された。なお、３歳以上児については給食の外部搬入も容認された。
- ●都市部等単独の保育所の設置が困難な地域において、本園と連携を図った分園方式が導入された。
- ●土地・建物について賃貸方式が容認された。
- ●児童福祉施設の設備及び運営に関する基準における保育所の０～１歳児の面積基準が、一定の市においては標準とされた（平成24年度から３年間の措置で、27年度も継続）。

（５）認可保育所の質の向上

保育サービスについては、その量の拡充とともに質の向上も大きな課題となる。苦情解決の仕組み、第三者評価事業の導入、保育士資格の法定化等、これまでもその進展が図られつつある。しかし、量の拡充に対する社会の要請は、保育所における短時間勤務保育士の飛躍的増加や、入所定員を超えての入所等、質の担保に懸念を抱かせる事態も招いている。

保育所保育の最低基準として定められている保育所保育指針は、保育所保育の質の向上をその理念に掲げ、保育所や保育職員の自己点検・自己評価とその結果の公表や、職員の自己研鑽、施設長の責任等を規定している。

２　認定こども園

（１）認定こども園

認定こども園は、都道府県が認定する仕組みとして平成18年に導入された、教育、保育を一体的に提供する機能を持つサービスである。主として、都市部における待機児童問題、過疎地における就学前保育施設の定員割れ問題、０～２歳児の保護者の子育て支援の不足を契機として導入された制度である。幼保連携型、保育所型、幼稚園型、地方裁量型の４類型があったが、平成27年度からのいわゆる認定こども園法改正により、幼保連携型認定こども園は単独の児童福祉施設ならびに学校となった。

（2）幼保連携型認定こども園

幼保連携型認定こども園は、学校教育・保育及び家庭における養育支援を一体的に提供する施設とし、いわゆる認定こども園法による教育基本法第6条第1項に基づく学校、児童福祉法に基づく児童福祉施設及び社会福祉法に基づく第2種社会福祉事業として位置付けられる。設置主体は原則として、国、地方公共団体、学校法人、社会福祉法人とされる。

幼保連携型認定こども園には、学校教育と保育を担う職員として、新たに保育教諭等が置かれる。保育教諭は資格名ではなく職名であり、幼稚園教諭免許状と保育士資格を併有することが原則である。なお、新たな制度の施行から5年間は、片方の資格、免許のみでも保育教諭になることができる。保育士、幼稚園教諭の資格・免許を片方のみ有する保育者は、5年間の経過期間に、それぞれ有していない資格・免許に固有の科目8単位を取得することで、現在有していない資格・免許を有することができる（3年かつ4千320時間の実務経験が必要）。また、免許・資格を保持していても、幼稚園教諭免許を取得してから教壇に立たずに時間が経過している保育士は、経過期間内に免許更新を受ける必要がある。

設置認可、指導監督等は都道府県単位とし、政令指定都市、中核市には権限移譲される。供給過剰による需給調整が必要な場合以外は、原則として認可する。都道府県は認可にあたって市町村に協議する。なお、施設型給付の確認主体は市町村である。学校であるため、教育委員会が一定の関与を行うこととなる。一定の条件のもとで臨時休業も認められ、新たに名称使用の制限が設定される。

保育所、幼稚園からの幼保連携型認定こども園への移行は義務付けられないが、両施設からの認可替えには認可基準の特例が設けられるなど、移行への政策的な促進策が実施される。なお、平成26年4月30日に

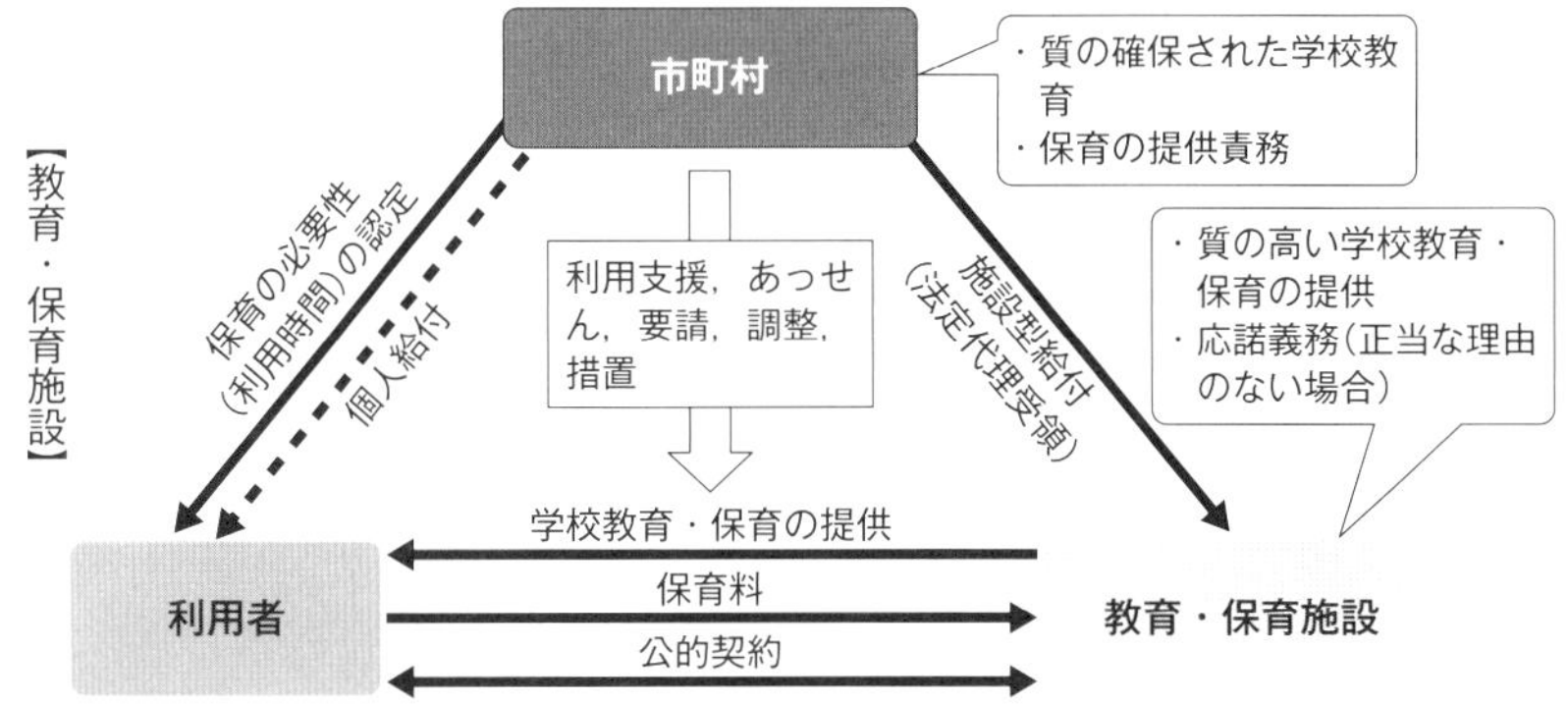

※ 児童福祉法第24条において，保育所における保育は市町村が実施することとされていることから，私立保育所における保育の費用については，施設型給付ではなく，現行制度と同様に，市町村が施設に対して，保育に要する費用を委託費として支払う。
この場合の契約は，市町村と利用者の間の契約となり，利用児童の選考や保育料の徴収は市町村が行うこととなる。

※ 上記の整理は，地域型保育給付にも共通するものである。

図2-2　幼保連携型認定こども園の利用方式

（内閣府「すくすくジャパン　子ども・子育て支援新制度について（平成27年7月）」2015，p.8）

は、「幼保連携型認定こども園の学級の編制、職員、設備及び運営に関する基準」「特定教育・保育施設及び特定地域型保育事業の運営に関する基準」「幼保連携型認定こども園教育・保育要領」がそれぞれ公布・公示された。同年12月には、『幼保連携型認定こども園教育・保育要領解説』も1府2省の参考資料として公表され、それぞれ平成27年度から施行されている。幼保連携型認定こども園の利用方式は、**図2-2**のとおりである。

3　地域型保育事業

地域型保育事業のコンセプトは、地域における多様な保育ニーズにきめ細かく対応できる質が確保された保育を提供し、子どもの成長を支援することである。地域型保育給付対象事業は以下の4事業であり、児童福祉法第6条の3等に基づく事業概要は以下のとおりである。また、

コラム１　幼保連携型認定こども園の主な基準

●主な認可基準、運営基準等

1．保育認定の有無にかかわらず３歳以上は年度初日の年齢で学級編制が原則。
2．保育所と同様に職員配置基準を設定。学級には保育教諭等を１名置く。
3．園長等の資格は、教諭免許状及び保育士資格を有し、５年以上教育職又は児童福祉事業に従事した者を原則。ただし、それらと「同等の資質」を有する者についても認める。
4．副園長、教頭のいずれか、主幹養護教諭・養護教諭、事務職員を置くよう努める。調理員は原則必置。
5．幼稚園・保育所それぞれにおいて求められている保育室、ほふく室等については原則設置。２階建てまでが原則だが、３階建てもありうる。
6．園舎面積は幼稚園基準、各居室面積は保育所基準をそれぞれ満たすこと。
7．園庭は必置。同一敷地内または隣接を原則で面積基準設定。面積も幼稚園・保育所基準に準拠。代替地は不可。
8．幼保連携型認定こども園教育・保育要領は、幼稚園教育要領、保育所保育指針に準拠して定める。
9．学校教育時間は１日４時間を標準とし、年間 39 週を下回らないようにする。
10．教育標準時間認定の子どもに対する給食の提供は任意。自園調理（調理室の設置）が原則。３歳未満の子どもに対する給食の外部搬入は公立も含めて不可。
11．在園児童について指導要録、出席簿を作成し、転園・進学の場合には転園・進学先に送付。
12．職員会議、評議員については、幼稚園と同様に、「置くことができる」とする。
13．自己評価の実施・結果公表は義務化。第三者評価は努力義務化。
14．苦情解決は、保育所と同様に受付窓口の設置等が必要。家庭・地域、保護者との連携については、幼稚園、保育所を包含する規定。研修の強化。
15．感染症に係る臨時休業、出席停止は幼稚園と同様（学校保健安全法を準用）。
16．重要事項説明の実施。
17．利用申し込みに対する正当な理由のない提供拒否の禁止。
18．施設運営についての重要事項に関する規程の整備。
19．定員の遵守。
20．既存施設からの移行については特例を設けて移行を促進する。移行特例の適用状況を確認制度の情報公表制度において公表。園舎面積の特例、保育室等の設置階、園庭の面積、園庭の代替地、屋上の扱いなどが特例。職員配置の移行特例はない。

●幼保連携型認定こども園教育・保育要領

幼保連携型認定こども園教育・保育要領は認定こども園法等に基づき、幼稚園教育要領及び保育所保育指針との整合性、小学校教育との円滑な接続、幼保連携型認定こども園固有の配慮事項を踏まえて策定された。幼稚園教育要領と同様３章立てであり、目次は以下のとおりである。

【幼保連携型認定こども園教育・保育要領目次】

第１章　総則
　第１　幼保連携型認定こども園における教育及び保育の基本及び目標
　第２　教育及び保育の内容に関する全体的な計画の作成
　第３　幼保連携型認定こども園として特に配慮すべき事項
第２章　ねらい及び内容並びに配慮事項
　第１　ねらい及び内容
　第２　保育の実施上の配慮事項
第３章　指導計画作成に当たって配慮すべき事項
　第１　一般的な配慮事項
　第２　特に配慮すべき事項

家庭的保育事業等の設備及び運営に関する基準や、特定教育・保育施設及び特定地域型保育事業の運営に関する基準において、その基準等が定められている。また、公費が投入される基準については、告示や実施要綱等において定められている。

（1）家庭的保育事業

保育を必要とする満３歳未満の乳幼児を、家庭的保育者の居宅その他の場所（乳幼児の居宅は含まない）において、家庭的保育者による保育を行う事業である。必要に応じ、満３歳以上の幼児も保育できる。家庭的保育者ならびに家庭的保育補助者については、研修の修了を求めることとされている。

（2）小規模保育事業

保育を必要とする満３歳未満の乳幼児を、利用定員が６人以上19人以下の施設で保育する事業である。必要に応じ、満３歳以上の幼児も保育できる。待機児童解消加速化プランに取り組む自治体を支援するため、子ども・子育て支援制度発足に先行して実施されている。A型（分園型）、B型（中間型）、C型（グループ型）の３類型がある。保育者の配置基準は現行の保育所と同様にし、B型の場合は保育者のうち半数以上が保育士であることを条件とする。C型は家庭的保育者が要件である。保育士の資格を有しない者は、原則として、子育て支援員（地域保育コース）研修受講者が要件となる。

（3）居宅訪問型保育事業

保育を必要とする満３歳未満の乳幼児を、当該乳幼児の居宅において家庭的保育者による保育を行う事業である。必要に応じ、満３歳以上の幼児も保育できる。住み慣れた居宅において、１対１を基本とする、きめ細かな保育を実施する保育サービスである。公費を投入する対象児童としては、障害児や小児慢性疾病に罹患している乳幼児のうち個別のケアが必要と考えられる場合への対応、ひとり親家庭で夜間の宿直勤務がある場合、離島・へき地等で他に利用できる保育サービスが存在しない場合等が想定される。

（４）事業所内保育事業

保育を必要とする満３歳未満の乳幼児を、事業主がその雇用者の乳幼児のために設置した施設等において保育を行う事業である。必要に応じ、満３歳以上の幼児も保育できる。利用定員が19人以下については小規模保育事業と、20人以上については保育所との整合性が図られた基準とされている。対象児童の地域枠については、１人以上から利用定員の３分の１ないしは４分の１程度以上となるよう、定員規模に応じて人数を規定する。

４　地域子ども・子育て支援事業における保育関連事業

地域子ども・子育て支援事業において創設されている主な保育関連サービスは、以下のとおりである。

（１）延長保育事業

延長保育事業実施要綱によると、保育認定を受けた児童がやむを得ない理由により、利用日・利用時間以外の日及び時間において保育所や認定こども園等で保育を受けた際に、保護者が支払うべき時間外保育の費用の全部または一部の助成を行うことにより、必要な保育を確保する事業である。類型は、一般型と訪問型の２類型である。一般型は、市町村以外が実施する保育所または認定こども園、地域型保育事業利用児童を対象とし、保育士は２名を下回ることはできない。訪問型については、居宅訪問型保育事業の延長保育、保育所等の施設における利用児童数が１名となった場合が対象である。

（２）実費徴収に係る補足給付を行う事業

実施要綱によると、本事業の目的は、低所得で生計が困難である者の子どもが特定教育・保育等の提供を受けた場合において、当該支給認定保護者が支払うべき日用品、文房具等の購入に要する費用、または行事への参加に要する費用等の一部を補助することである。

（３）多様な事業者の参入促進・能力活用事業

地域の教育・保育需要に沿った教育・保育施設、地域子ども・子育て支援事業の量的拡大を進めるうえで、多様な事業者の新規参入を支援するほか、認定こども園における特別な支援が必要な子どもの受け入れ態勢を支援する事業である。前者は、市町村が支援チームを設け、新規参入施設等に対する巡回支援を行う。

（４）病児保育事業

病児保育事業実施要綱によると、本事業の内容は、保育を必要とする乳児・幼児、または保護者の労働により家庭において保育を受けることが困難となった小学校に就学している児童であって、疾病にかかっている者について、保育所、認定こども園、病院、診療所、その他の場所において保育を行う事業である。事業類型としては、病児対応型・病後児対応型、体調不良児対応型、非施設型（訪問型）の類型がある。キャンセル率等を考慮した保育士の配置を行い、実態に即した改善が行われた。

5　認可外保育サービス

（1）へき地保育所、季節保育所

山間地、開拓地、離島等のへき地で、通常の保育所を設置できない場合に、保育を必要とする児童に対する保育を市町村が設置主体となって行う常設施設を、へき地保育所と呼んでいる。独立した施設のほか、公民館、学校、集会所等において開設され、一定条件を満たしているものについて助成が行われている。また、繁忙期等、一時期のみ開設される保育サービスは、季節保育所と呼ばれている。

（2）認可外保育施設

認可外保育施設の代表的なものとしては、ベビーホテル[*22]を挙げることができる。認可外保育施設は、時間的な融通が利く、出産直後から預かってくれる、早朝・夜間も利用できる、子どもが病気のときも利用できるなど、サービスが弾力的であることや多様であることなどが利用の理由として挙げられており、認可保育所が十分応えきれていない需要に対応している。

　認可外保育施設については、劣悪な環境において子どもが保育されることを避けるため指導監督基準が作成されており、また、認可外保育施設の届出制や、指導監督の強化（基準を満たしておらず改善の見られない施設の公表等）等の対応がとられている。独自の基準を設けて補助を行っている自治体（東京都の認証保育所等）もある。子ども・子育て支援制度の創設もあり、認可外保育施設の認可施設移行が進められている。

（3）ベビーシッターサービス

ベビーシッターサービスとは、子どもの家庭にベビーシッターが訪問し、居宅においてその家庭の方針に沿って保育を行う保育サービスのことである。地域型保育事業の居宅訪問型保育事業に該当する。保育所との併用（いわゆる二重保育）や、一時的利用も見られている。ベビーシッターサービス提供企業が会員となった、公益社団法人全国保育サービス協会（ＡＣＳＡ）も設立されている。

6　公定価格について

平成27年度公定価格の概要は、以下のとおりである。なお、これらは消費税収から投入される7千億円が追加されることを前提にしたものであり、今後さらに、当初予定されていた3千億円強が充当される見通しが立てば、さらなる質の向上が図られる。

なお、平成27年度政府予算においては、消費増税による増収額から、子ども・子育て支援の充実に

＊22　認可外保育施設のうち、おおむね20時以降の夜間に及ぶ保育、または宿泊を伴う保育、一時預かり保育のいずれかを、常時提供している施設を指す。

5千189億円が確保され、上記7千億円の範囲で実施する「質の改善」項目は、すべて実施されることとなった。これは、市町村子ども・子育て支援事業計画の集計による量の増加見込みが、平成27年度は8・2万人分であり、すべての「質の改善」項目を実施しても5千189億円で充足することによる。なお、公定価格の基準については、「特定教育・保育、特別利用保育、特定地域型保育、特別利用地域型保育、特定利用地域型保育及び特例保育に関する費用の額の算定に関する基準等」（内閣府告示第49号）による。

(1) 公定価格の基本的な構造について、地域区分は7区分、利用定員は17区分、認定区分は3区分、年齢区分は4区分、保育必要量は2区分で1人当たり保育単価を決定。

(2) 人件費、事業費、管理費については、特定教育・保育施設の特性による違い以外は単価に差をつけない。教育標準時間については事務職員を週2日分追加、保育標準時間については保育士1人・非常勤保育士1人（3時間）追加。研修代替要員費を追加。

(3) 各種加算については、質の改善ベースの主なものとして、職員配置加算（3歳児）、主幹教諭（主任保育士）等専任加算、（＋子育て支援・療育支援活動費）、処遇改善等加算（3％充実）、小学校接続加算、第三者評価受審加算、除雪費加算、降灰除去費加算、栄養士配置（嘱託）等（施設類型により、加算ではなく基本額に組み込まれるものもある）。

(4) 新制度施行前水準ベースの基本額としては、幼保連携型認定こども園の場合、人件費（園長、保育教諭〈年齢別学級編制確保分を含む〉）、調理員、学校職員、非常勤職員（〈学校医、歯科医、薬剤師等〉雇上費）、管理費（事務管理費、保健衛生費、補修費、苦情解決対策費）、事業費（給食材料費、教材費等）がある。

(5) 新制度施行前水準ベースの加算額としては、幼保連携型認定こども園の場合、主に人件費は配置・実施状況等に応じて加算（満3歳児の教諭配置加算6対1、副園長、教頭配置加算、チーム保育加配加算、通園送迎、給食実施加算、夜間保育加算、入所児童処遇特別加算、処遇改善等加算）、主に管理費（事業の実施状況に応じて加算――外部監査費加算）（所在地域に応じて加算――冷暖房費加算、除雪費加算、降灰除去費加算）、常態的に土曜日閉所の場合は調整する。なお、現行の幼保連携型認定こども園からの移行の場合は、いくつかの特例が設けられる。

(6) 利用者負担については、①所得階層の区分数、支給認定保護者の世帯の所得の状況その他の事情を勘案して市町村が定める額の詳細、現行の幼稚園・保育所の利用者負担の水準をもとにすることなど、②所得階層区分の決定方法、③利用者負担の切り替え時期に関すること、④多子軽減の取り扱い、⑤保育料以外の実費徴収、上乗せ徴収の取扱い等について、取り決めが行われている。

7　保育サービスの課題と克服方策

(1) 待機児童対策と保育士確保

保育サービスの第一の課題は、いわゆる待機児童の解消や多様な保育ニーズに応じて、機動的かつ柔軟に保育サービスをどのように提供していくかということである。前述したとおり、政府はこれまで認可保育所に関する各種の規制緩和の措置を講じて、待機児童の解消を目指してきた。しかし、新待機児童ゼロ作戦[*23]が示すとおり、潜在利用希望児童がなお多く存在することが想定され、本格的な保育所利用制度改正の検討が開始された。こうして、平成27年度から、子ども・子育て支援制度が創設されたのである。

この制度に先立って、政府は平成25年度、待機児童解消加速化プランを策定し、平成29年度末までに約40万人分の保育の受け皿を確保することとした。保育所等緊急整備事業や認定こども園整備事業がこれに相当し、整備が進められている。これに伴い、保育士不足が深刻な課題として指摘されている。子ども・子育て支援制度において保育士の処遇改善（３％の給与改善）も図られたが、それだけでは不十分である。

政府は、平成27年1月に保育士確保プランを定め、保育士確保策に乗り出している。具体的には、保育対策総合支援事業費補助金を通じ、各種保育士確保対策を実施している。なかでも、保育士給与の３％アップの恒常化や、保育士・保育所支援センターを都道府県に設置して、人材確保、再就職支援の実施、就業継続支援や保育士資格取得支援等が進められている。しかし、その成果は十分ではない。ちなみに、平成27年４月現在、保育士登録者は１３１万人を超えている。また、平成25年10月１日現在の全国社会福祉施設等調査によると、全国の社会福祉施設に従事する保育士数（常勤換算値）は37・２万人余であり、全登録者の３割弱にすぎない。したがって、保育士資格取得者が足りないわけではない。「給与が安い」「仕事量が多い」「労働時間が長い」といった根本問題を解決しない限り、小手先の手法では保育士取得は解消されないであろう。

（2）保育の質の維持・向上

保育サービスのもう一つの課題は、保育の質の維持・向上である。保育サービスは人材がすべてである。しかし、この間の規制緩和は臨時保育士の飛躍的増大を生み出し、待遇の劣化は保育士のなり手を少なくしていった。規制緩和の影響も大きなものがある。こうした事態が保育士のなり手を少なくしていることも否定できず、前述のとおり、政府は対策を進めている。と同時に、保育の質の向上を図ることも大きな課題である。世界的にも、幼児期の教育の振興に関心が高まりつつある。

これらをうけ、子ども・子育て支援制度においては、消費税の追加投入により、保育の質の向上や保育者の待遇の改善等が大きなテーマとされている。また、保育士資格制度等保育者の資格のあり方検討も大きな課題である。平成23年度から新保育士養成課程[*24]も導入されている。そこでは、保育士の専門性を生かした保護者支援である「保育相談支援[*25]」という科目が新設されたりしている。幼保連携型認定こども園が創設され、保育教諭も生まれている。また、小規模保育事業等においては、職員の半数は保育士資格取得者でなくともよいとされ、新たな研修制度である子育て支援員（地域保育コース）研修修了者も勤務できることとなっている。このように、保育士のあり方もまた、大きな曲がり角にあるといえるだろう。

＊23　政府が平成20年2月に策定した計画で、今後、希望するすべての人が安心して子どもを預けて働くことができる社会を目指して、保育や放課後児童クラブ整備の10年後の目標を定めたものである。これによると、3歳未満児の保育サービス提供割合を現20%から38%に、放課後児童クラブの登録割合（小学1～3年生）を現行の19%から60%にすることがうたわれている。

＊24　新しい養成課程においては、履修総単位数に変更はないものの、「保育者論」（講義2単位）、「保育課程論」（講義2単位）、「保育相談支援」（演習1単位）、「保育の心理学Ⅰ」（講義2単位）、「保育の心理学Ⅱ」（演習1単位）等が新設され、科目の増減、移行が図られている。

＊25　保育相談支援は保育士の専門性を生かした保護者支援のことであり、保育所においては保育所保育指針解説書により保育指導と呼ばれ、以下のとおり定義されている。「子どもの保育の専門性を有する保育士が、保育に関する専門的知識・技術を背景としながら、保護者が支援を求めている子育ての問題や課題に対して、保護者の気持ちを受け止めつつ、安定した親子関係や養育力の向上をめざして行う子どもの養育（保育）に関する相談、助言、行動見本の提示その他の援助業務の総体をいう」（厚生労働省　2008. p.179）。

（3）幼保連携型認定こども園創設の意義

本制度の目玉ともいうべき幼保連携型認定こども園の創設は、保育や保護者支援等のサービスを包括的、一元的に提供できる体制の実現を目指すものといえる。また、保育二元化（保育所、幼稚園、認定こども園）の回避、利用者に対するわかりやすさの観点からも、幼保連携型認定こども園の普及が図られる必要がある。いわゆるソーシャル・インクルージョン（社会的包摂）の実現である。

そのためには、財源も含め包括的で一元的な実施体制を確立していくことが最も重要なこととなる。新制度の創設はその一歩を歩みだすものであるが、その道のりはまだ始まったばかりであるといえる。

現在の子ども家庭福祉・保育サービス供給体制は、保育・子育て支援、児童健全育成、幼児期の学校教育、障害児支援、社会的養護等、子どもと子育て家庭が置かれている状況によっていくつもの舞台に分かれている。子どもと保護者は、生じた生活課題や子どものニーズごとに、これらの舞台を行き来することとなるが、実施主体や財源、支援者の援助観の相違等、その間には深い溝があり、子どもや保護者がその溝に落ちてしまったり、それぞれを行き来する渡り廊下が狭くて苦労したりする事態も珍しくない。それぞれの舞台では支援者が優れた支援を行っているが、舞台が違うため交流も乏しく、それぞれのノウハウを共有することもできていない。保育所と幼稚園という舞台も、親の事情に基づく分断が長年続き、それぞれの実践や保護者の思い、子ども同士の交流等もほとんど行われてこなかった。

幼保連携型認定こども園は、こうした舞台間の溝をなくし、乳幼児期の子どもと保護者に、包括的で一元的なサービスを提供できる社会資源となる可能性を有している。そのことは、地域で子どもを育てることにもつながる。いずれは、社会的養護行政と保育・子育て支援行政等、都道府県と市町村に二元化された実施体制の一元化も進めていかなければならない。新たな制度が目指すべき最大の方向は、社会的排除のない世界、すなわちソーシャル・インクルージョンと考える必要がある。これらについては、第９章において詳細に考察しているので、ご参照いただきたい。

この間、時代とともに、幼児期の教育や子どもの発達保障、保護者の子育て支援を進めてきた保育所、幼稚園に、大きな変革のうねりが近づいている。時代の先端にいる保育関係者は、先人のミッションに思いを馳せつつ、時代とともに柔軟に対応すべきことと、時代が変わっても変えてはいけないものとを透徹した眼《まなこ》で見分け、未来への扉を開けることとなるのである。

第3章

幼保連携型認定こども園教育・保育要領を読み解く

1　幼保連携型認定こども園教育・保育要領の策定

平成26年4月30日、幼保連携型認定こども園教育・保育要領（以下、教育・保育要領）が、内閣府、文部科学省、厚生労働省の告示として公示された。同日には、「幼保連携型認定こども園の学級の編制、職員、設備及び運営に関する基準」（以下、認可基準）や、「特定教育・保育施設及び特定地域型保育事業の運営に関する基準」（以下、運営基準[*26]）も公布されている。

また、教育・保育要領の解説書（1府2省による参考資料として作成[*27]）も同年12月に公表され、いずれも平成27年度から適用されている。

幼保連携型認定こども園の要領策定にあたっては、保育所保育指針と幼稚園教育要領との整合性を担保していくことが重要であるという観点から、平成20年に行われた改訂に携わったほとんどのメンバーが委員として参画し、28名の委員において「幼保連携型認定こども園保育要領（仮称）の策定に関する合同の検討会議」が、平成25年6月から行われた。

委員会による5回の議論を経て、平成26年1月16日に報告書が提出され、これを受けて役所が「教育・保育要領」を策定。パブリックコメントを行ったうえで、同年4月30日に告示された。

本章においては、幼保連携型認定こども園教育・保育要領の性格、構造、ポイント等について解説するとともに、政府の参考資料である解説書の内容も踏まえ、その特徴について保育所保育指針等との比較も交えながら考察する。

2　幼保連携型認定こども園教育・保育要領の位置付け構造

(1) 教育・保育の「内容」に関する事項

教育・保育要領は、改正後の認定こども園法第10条第1項に基づき、「幼保連携型認定こども園の教育課程その他の教育及び保育の内容に関する事項」を定めるものである。ちなみに、保育所保育指針の場合は「保育所における保育の内容に関する事項及びこれに関連する運営に関する事項を定める」とされており、教育・保育要領が「内容」のみであるのに対して、保育所保育指針は内容に深く関わる「運営に関する事項」を含む、というのが大きな違いである。

これは、保育所については、児童福祉法等の法令にその運営に関する事項や原理等が詳しく記載されてい

＊26　内閣府令第39号で、幼保連携型認定こども園の運営基準を含む。
＊27　内閣府・文部科学省・厚生労働省（2014）『幼保連携型認定こども園教育・保育要領解説』。

ないため、保育所保育指針において運営に関する事項も、一定程度記載する必要があったことによる。したがって、教育・保育要領においては、保育所保育指針における運営に関する事項が記載されている第1章と第7章、ならびに乳幼児の発達に関する事項である第2章は、すべて削除されている。

（2）学校教育の内容を中核として、それ以外を配慮事項として記述

教育・保育要領は、いわゆる学校教育における学習指導要領としての色彩を強く有している。保育所保育指針は児童福祉施設における指針のため、福祉的視点が全体の底を流れる基調となっているが、教育・保育要領は教育（学校教育）の視点から記述されている。その結果、教育・保育要領の体裁と目次は、幼稚園教育要領に準拠することとなった。したがって、いわゆる「保育」（養護と教育を提供する行為）に関する事項は、学校教育実施のための「配慮事項」としての位置付けになったのである。

つまり、全体は3章立てであり、学校教育に関することが書かれた後は、その実施のための配慮事項が記載される構造となっている。このため、3歳未満児の保育に関することや、保育における養護に関することなどは、すべて配慮事項のなかに記述されている。幼保連携型認定こども園は「学校」かつ「児童福祉施設」であるが、教育・保育要領の体裁を学校に準拠することとしたためである。したがって、学校教育本体部分（全文字数の約55％）と、そのための配慮事項（同45％）の文字数が、大きく変わらないものとなっている。

（3）認定こども園法や省令等に依拠した告示として公示

前述したように、教育・保育要領は「内容」に関する部分のみの記述であり、幼保連携型認定こども園に

おける教育・保育の目標や子育て支援の原理等は、いわゆる認定こども園法や認可基準、運営基準等に記述されているため、教育・保育要領においては記述されていない。したがって、改正認定こども園法や前述した各種の基準と合わせて読み込まないと理解しにくい構造になっている。たとえば、「幼保連携型認定こども園における教育及び保育の目標」は、認定こども園法第9条第1項に6項目[*28]にわたって書かれているため、教育・保育要領には記述されていない。目標が書かれないままその内容から入ることになるので、当然、理解しにくくなる。このほかにも、認定こども園法の他の条文や、前述の二つの基準等と併せて読み込む必要がある。なお、解説書には法令事項も含めて記述されている。

＊28　第9条　幼保連携型認定こども園においては、第2条第7項に規定する目的を実現するため、子どもに対する学校としての教育及び児童福祉施設（児童福祉法第七条第一項に規定する児童福祉施設をいう。次条第2項において同じ）としての保育並びにその実施する保護者に対する子育て支援事業の相互の有機的な連携を図りつつ、次に掲げる目標を達成するよう当該教育及び当該保育を行うものとする。

一　健康、安全で幸福な生活のために必要な基本的な習慣を養い、身体諸機能の調和的発達を図ること。

二　集団生活を通じて、喜んでこれに参加する態度を養うとともに家族や身近な人への信頼感を深め、自主、自律及び協同の精神並びに規範意識の芽生えを養うこと。

三　身近な社会生活、生命及び自然に対する興味を養い、それらに対する正しい理解と態度及び思考力の芽生えを養うこと。

四　日常の会話や、絵本、童話等に親しむことを通じて、言葉の使い方を正しく導くとともに、相手の話を理解しようとする態度を養うこと。

五　音楽、身体による表現、造形等に親しむことを通じて、豊かな感性と表現力の芽生えを養うこと。

六　快適な生活環境の実現及び子どもと保育教諭その他の職員との信頼関係の構築を通じて、心身の健康の確保及び増進を図ること。

3　教育・保育要領の基本的考え方ならびに構成

教育・保育要領策定の基本的考え方は、認定こども園法第10条第2項に基づき、以下の3点に整理できる。

(1) 幼稚園教育要領及び保育所保育指針との整合性の確保
(2) 小学校との円滑な接続に配慮
(3) 幼保連携型認定こども園として特に配慮すべき事項の明示

また、全体構成は幼稚園教育要領と同じ3章構成であり、目次は以下のとおりである。

第1章　総則
　第1　幼保連携型認定こども園における教育及び保育の基本及び目標
　第2　教育及び保育の内容に関する全体的な計画の作成
　第3　幼保連携型認定こども園として特に配慮すべき事項
第2章　ねらい及び内容並びに配慮事項
　第1　ねらい及び内容
　第2　保育の実施上の配慮事項
第3章　指導計画作成に当たって配慮すべき事項

第1　一般的な配慮事項
第2　特に配慮すべき事項

なお、総文字数は約1万8千字であり、保育所保育指針とほぼ同量である。ちなみに、同じ構成をとる幼稚園教育要領は約1万字である。幼稚園は3歳以上児で、かつ、学校教育時間の教育課程を中心とするため、短いものとなっている。教育・保育要領と保育所保育指針の目次を比較したものが、**図3-1**である。保育所保育指針から教育・保育要領の目次に伸びる矢印は、内容（すべてではない）が移動したことを示している。このほかにも、部分的に削除された事項等がある。

4　教育・保育要領の概要

(1)「第1章　総則」

第1　教育及び保育の基本及び目標

第1章総則第1では、まず、認定こども園法第2条第7項の目的を達成するための、教育及び保育の基本が語られる。同法第2条第7項は幼保連携型認定こども園の設置目的について、「この法律において『幼保連携型認定こども園』とは、義務教育及びその後の教育の基礎を培うものとしての満三歳以上の子どもに対する教育並びに保育を必要とする子どもに対する保育を一体的に行い、これらの子どもの健やかな成長が図られるよう適当な環境を与えて、その心身の発達を助長するとともに、保護者に対する子育ての支援を行う

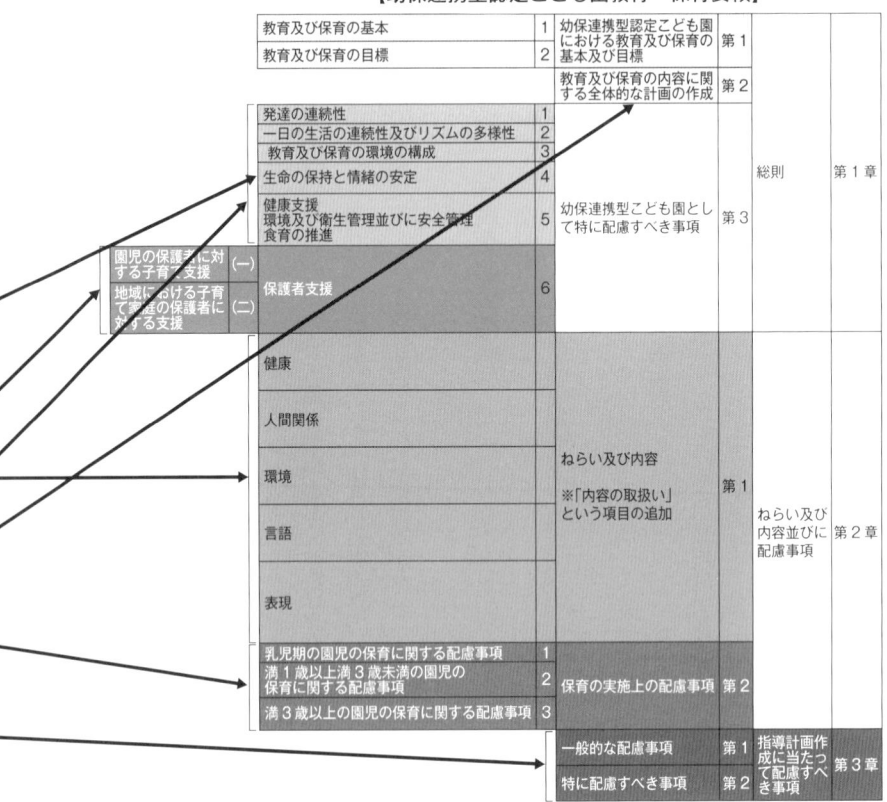

【幼保連携型認定こども園教育・保育要領】

教育及び保育の基本	1	幼保連携型認定こども園における教育及び保育の基本及び目標	第1	総則	第1章
教育及び保育の目標	2				
		教育及び保育の内容に関する全体的な計画の作成	第2		
発達の連続性	1	幼保連携型こども園として特に配慮すべき事項	第3		
一日の生活の連続性及びリズムの多様性	2				
教育及び保育の環境の構成	3				
生命の保持と情緒の安定	4				
健康支援 環境及び衛生管理並びに安全管理 食育の推進	5				
保護者支援	6				
園児の保護者に対する子育て支援 (一)					
地域における子育て家庭の保護者に対する支援 (二)					
健康		ねらい及び内容 ※「内容の取扱い」という項目の追加	第1	ねらい及び内容並びに配慮事項	第2章
人間関係					
環境					
言語					
表現					
乳児期の園児の保育に関する配慮事項	1	保育の実施上の配慮事項	第2		
満1歳以上満3歳未満の園児の保育に関する配慮事項	2				
満3歳以上の園児の保育に関する配慮事項	3				
		一般的な配慮事項	第1	指導計画作成に当たって配慮すべき事項	第3章
		特に配慮すべき事項	第2		

保育所保育指針の目次の比較

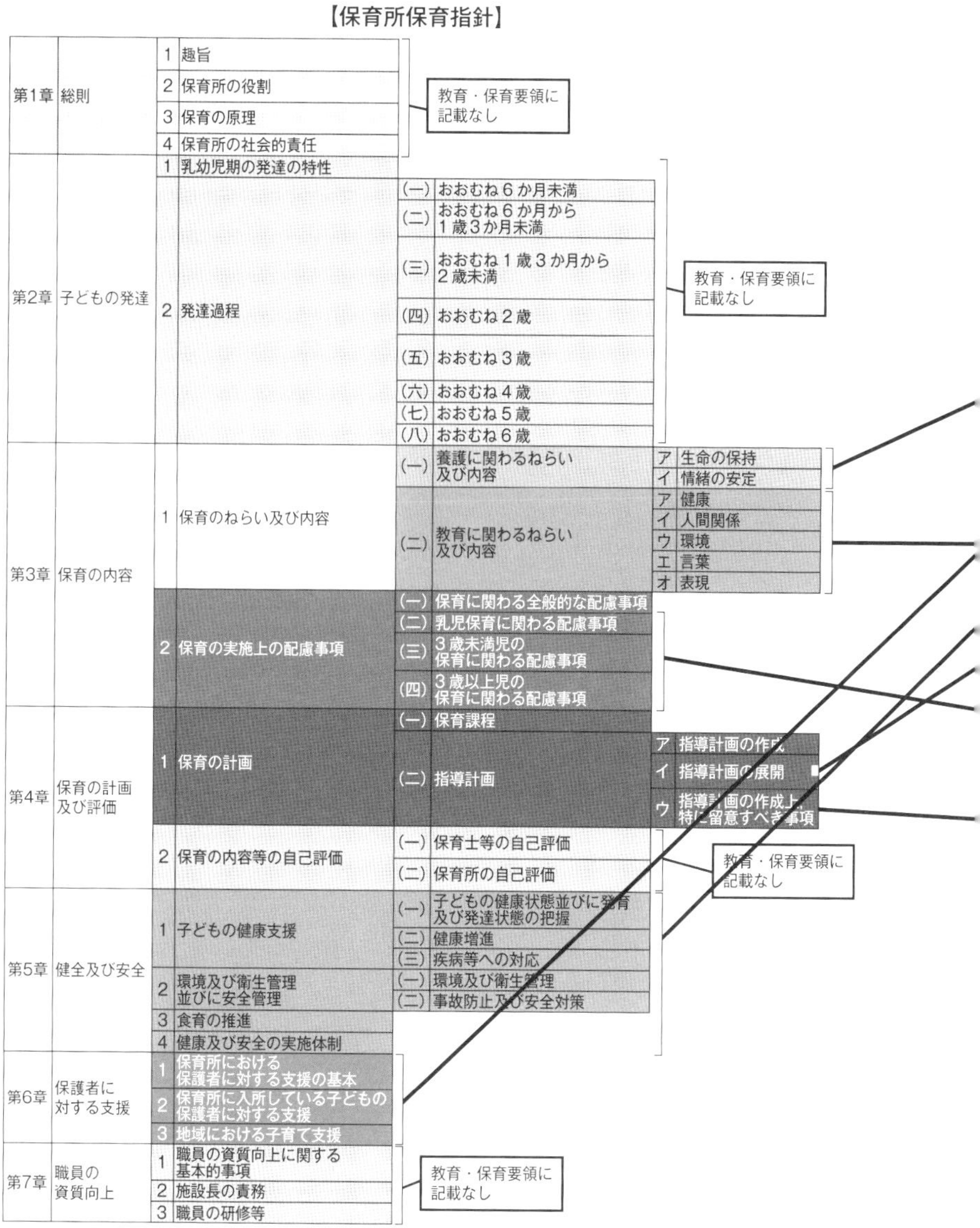

【保育所保育指針】

第1章 総則	1 趣旨		
	2 保育所の役割		教育・保育要領に記載なし
	3 保育の原理		
	4 保育所の社会的責任		
第2章 子どもの発達	1 乳幼児期の発達の特性		
	2 発達過程	(一) おおむね6か月未満	
		(二) おおむね6か月から1歳3か月未満	
		(三) おおむね1歳3か月から2歳未満	教育・保育要領に記載なし
		(四) おおむね2歳	
		(五) おおむね3歳	
		(六) おおむね4歳	
		(七) おおむね5歳	
		(八) おおむね6歳	
第3章 保育の内容	1 保育のねらい及び内容	(一) 養護に関わるねらい及び内容	ア 生命の保持 / イ 情緒の安定
		(二) 教育に関わるねらい及び内容	ア 健康 / イ 人間関係 / ウ 環境 / エ 言葉 / オ 表現
	2 保育の実施上の配慮事項	(一) 保育に関わる全般的な配慮事項	
		(二) 乳児保育に関わる配慮事項	
		(三) 3歳未満児の保育に関わる配慮事項	
		(四) 3歳以上児の保育に関わる配慮事項	
第4章 保育の計画及び評価	1 保育の計画	(一) 保育課程	
		(二) 指導計画	ア 指導計画の作成 / イ 指導計画の展開 / ウ 指導計画の作成上特に留意すべき事項
	2 保育の内容等の自己評価	(一) 保育士等の自己評価	教育・保育要領に記載なし
		(二) 保育所の自己評価	
第5章 健全及び安全	1 子どもの健康支援	(一) 子どもの健康状態並びに発育及び発達状態の把握	
		(二) 健康増進	
		(三) 疾病等への対応	
	2 環境及び衛生管理並びに安全管理	(一) 環境及び衛生管理	
		(二) 事故防止及び安全対策	
	3 食育の推進		
	4 健康及び安全の実施体制		
第6章 保護者に対する支援	1 保育所における保護者に対する支援の基本		
	2 保育所に入所している子どもの保護者に対する支援		
	3 地域における子育て支援		
第7章 職員の資質向上	1 職員の資質向上に関する基本的事項		教育・保育要領に記載なし
	2 施設長の責務		
	3 職員の研修等		

図3-1　幼保連携型認定こども園教育・保育要領と

こと」と規定している。そして、教育・保育要領には、この目的を達成するため、「乳幼児期の特性及び保護者や地域の実態を踏まえ、環境を通して行うものであることを基本とし、家庭や地域での生活を含め園児の生活全体が豊かなものとなるよう」努めるとしている。

続いて、幼保連携型認定こども園は、教育及び保育の目標として前述の認定こども園法第9条第1項に掲げられた六つの目標を、「園における生活を通して、生きる力の基礎を育成するよう」達成に努め、このことにより、「義務教育及びその後の教育の基礎を培うとともに、子どもの最善の利益を考慮しつつ、その生活を保障し、保護者と共に園児を心身ともに健やかに育成する」ものとすることが語られる。なお、第9条に規定する六つの目標については、3歳未満児の保育にも当てはまるとしている。また、幼保連携型認定こども園における教育・保育は、計画的に環境を構成することにより、生活と遊びを通して行われるべきことが規定されている。これらの事項は、保育所保育指針や幼稚園教育要領と変わるものではない。

第2　教育及び保育の内容に関する全体的な計画の作成

幼保連携型認定こども園は、「教育及び保育を一体的に提供するため、創意工夫を生かし、園児の心身の発達と幼保連携型認定こども園、家庭及び地域の実態に即した適切な『教育及び保育の内容に関する全体的な計画』を作成する」ものとされ、その際の留意事項が語られている。また、教育課程にかかる教育週数（39週以上）及び教育時間（4時間を標準）、ならびに保育を必要とする子どもに該当する園児に対する教育及び保育の時間（8時間を標準）等が示されている。しかし、全体的な計画と教育課程との関係については触れられていない。

第3　幼保連携型認定こども園として特に配慮すべき事項

第3では、保育所保育指針等を踏まえて、大量かつ多様な配慮事項が記述されている。このなかには、発達の連続性への配慮、1日の生活の連続性及びリズムの多様性への配慮、在園時間の長短、入園時期や通園日数の違い等を踏まえた工夫の必要性、環境の構成にあたっての留意事項等のほか、養護に関すること、園児の健康支援、環境及び衛生管理ならびに安全管理、食育の推進、保護者に対する子育ての支援等が幅広く規定されている。つまり、1号認定の子どもと2号認定の子どもが共に生活するための配慮事項ならびに、保育所保育指針第5章、第6章のエッセンス（保護者支援の基本7点を除く）がほぼ盛り込まれているといってよい。

（2）「第2章　ねらい及び内容並びに配慮事項」

第2章第1では、ねらい（園児が幼保連携型認定こども園修了までに育つことが期待される、生きる力の基礎となる心情、意欲、態度のこと）や、内容（ねらいを達成するために指導する事項）、ならびに内容の取り扱いに関する事項が、「健康」「人間関係」「環境」「言葉」「表現」の5領域にわたって示されている。また、「内容の取扱い」として、幼稚園教育要領と同様、「ねらい」展開上の留意事項が示されている。この点は、これまでの保育所保育指針にはなかった点である。なお、それらは主として教育に関わるものであり、保育の実施にあたっては、それらを発達の過程やその連続性を踏まえて柔軟に取り扱うとともに、配慮事項を踏まえなければならないことが示されている。

保育所保育指針に見られた「養護に関わるねらい及び内容」は、第1章第3に移動している。また、「ねらい」に変更はないが、「内容」については、主として3歳未満児の養護と深く関わる項目がいくつか削除されている。また、「環境」の「内容」末尾に、「国旗に親しむ」[*29]が追加されている。

第2章第2では、乳児期の園児、満1歳以上満3歳未満の園児、満3歳以上の園児、それぞれにおける保育に関する配慮事項が示されている。保育所保育指針の第3章に相当する部分である。

（3）「第3章　指導計画作成に当たって配慮すべき事項」

第3章第1では、指導計画作成にあたって一般的に配慮すべき事項が記述されている。指導計画の策定にあたって、具体的なねらいや内容を明確に設定し、適切な環境を構成すること、長期及び短期の指導計画を策定すること、個人差に配慮した適切な指導を行うことなどが記述されている。第1章に記載されている「教育及び保育の内容に関する全体的な計画」と「教育課程」との明確な関係については、ここでも特に記述されていない。

第2の「特に配慮すべき事項」では、3歳未満児の指導計画上の留意点、異年齢保育、午睡の扱い、障害のある園児の指導、特別に配慮を要する園児の指導、行事、小学校との接続等指導計画作成にあたっての配慮事項が記述されている。

5　幼保連携型認定こども園教育・保育要領解説

（1）解説の性格と構成

平成26年12月に1府2省の参考資料として発刊された「幼保連携型認定こども園教育・保育要領解説」

は、全体で289頁にわたり、保育所保育指針、幼稚園教育要領の解説書とほぼ同じ分量である。

　解説は、幼保連携型認定こども園に固有の事項については新たに加筆されているが、それ以外については、保育所保育指針解説書、幼稚園教育要領解説書の該当部分をほぼそのまま踏襲している。したがって、引用されている事例も含めて、文章もほぼそのとおり引用されているところが多くなっている。構成は教育・保育要領に沿い、ほぼ項目ごとにそれぞれを記載後、その解説を行う構成をとっている。なお、保育所保育指針第2章の子どもの発達部分とその解説は、ほぼそのまま解説に転載されている。全体は4章立てで、序章のほかは教育・保育要領と同様の3章立てとなっている。

(2) 解説の概要

内容については、まず序章において、策定の基本的考え方や、乳幼児期の特性、幼保連携型認定こども園における教育及び保育の役割が整理されている。後述する「教育」と「保育」の定義もここで語られている。乳幼児期の発達の特性の記述には、かなりの分量が割かれている。

　続いて第1章から第3章においては、教育・保育要領の各章の文章をほぼ項目ごとに区切りつつその解説を進めている。ここでは、まず幼保連携型認定こども園に固有の事項については、平成18年8月4日付文部科学省・厚生労働省告示第1号「就学前の子どもに関する教育、保育等の総合的な提供の推進に関する法律第3条第2項及び第4項の規定に基づき文部科学大臣と厚生労働大臣とが協議して定める施設の設備及び運

＊29　この項目はすでに幼稚園教育要領には規定されており、幼保連携型認定こども園が「学校」であることを念頭に、両者の整合性が図られたことになる。

営に関する基準」の内容に関する事項が記述されている。なお、本告示は教育・保育要領の告示に伴い改正されており、改正後の告示は幼保連携型認定こども園以外の認定こども園に適用されることとなっている。

続いて、保育所保育指針と幼稚園教育要領解説書に記載されている事項については、原則として、いわゆる学校教育部分については幼稚園教育要領解説書、保育部分については保育所保育指針解説書をそれぞれ優先して採用し、部分的に調整を図っている。

また、教育・保育要領の記載が不十分であったり、あまり適切とは思えなかったりした表現については、解説において補足する形で軌道修正が行われている。たとえば、後述する「教育及び保育の内容に関する全体的な計画」と「教育課程」との関係、教育・保育要領において削除された「保護者支援の原理」の確認、障害児の保育に関していわゆる福祉分野の「障害児支援」関係施設や事業との連携等がそれにあたる。

６「保育」と「教育」の用語について

（１）認定こども園法に基づく告示としての定義

幼保連携型認定こども園の要領の名称は、結果的に「教育・保育要領」となった。これは、認定こども園法に基づく教育と保育の定義を、そのまま引き継がざるを得なかったことによる。

認定こども園法第２条第８項には「教育」の定義が掲げられており、それによると、「学校において行われる教育をいう」とされている。また、「保育」は同条第９項により、「児童福祉法第６条の３第７項に規定する保育をいう」と定義され、その児童福祉法該当条文には、「養護及び教育（満３歳以上に対する学校教育を除く）を行うことをいう」と規定されている（一部表現を変更）。

つまり、「保育」とは、「養護と教育（学校教育を除く）を行う行為」と定義される。これが基本的前提となるので、教育・保育要領にいう「教育」は「学校教育」を指し、「保育」は「学校教育以外の教育と養護を行う行為」として記述されていることとなる。つまり、教育時間、保育時間に行われる行為はいずれも教育を含む行為とされるが、教育時間は「学校教育」、保育時間は「学校教育を含まない教育」ということになる。こうして、「教育」と「保育」とが明確に書き分けられる結果となってしまったのである。したがって、「教育」と「保育」という表現は、それぞれが行われる舞台の違い（「学校」か「児童福祉施設」かの違い）というべきであり、すでに見たとおり、目的と方法が同じである以上、内容そのものには違いはないといってよい。

（2）保育と教育をめぐる法令上の混乱とその克服

このように「教育」と「保育」の使い分けは、いわゆる認定こども園法という枠の中だけの用語といってよい。ちなみに、学校教育法第22条は幼稚園を「幼児を保育」するところと規定し、幼稚園教諭の業務も同法第27条第9項で、「幼児の保育をつかさどる」こととされている。幼稚園教育要領では教育課程に関わる部分は教育といわれるが、幼稚園は教育だけを行っているところではないため、それ以外の部分を含めて「保育」と総称しているのである。

一方、保育所は、児童福祉法第39条第1項により「……乳児・幼児の保育を行うことを目的とする」児童福祉施設であり、保育士は、同法第18条の4第1項において「児童の保育と児童の保護者に対する保育に関する指導」を行う専門職と規定されている。

つまり、認定こども園法以外では、乳幼児に対する教育的働きかけを含むすべての活動を総称して「保育」の言葉を充てているわけであり、認定こども園法の世界だけで整合性があるといわれても、「幼児期の教育[*30]」の世界全体から見れば、認定こども園だけの限定された言葉としての意味しか持ち得ないことになる。今後、この言葉については、他の法令も含めた検討が必要とされる。ただし、当面は、実務レベルで乗り越えていくことが必要とされる。

7　教育・保育の実践に関わるいくつかのコメント

(1)　教育・保育要領と保育所保育指針における教育・保育の内容

教育・保育要領第2章の「ねらい及び内容並びに配慮事項」については、教育・保育要領、保育所保育指針、幼稚園教育要領ともほぼ共通化されるよう配慮されている。なお、「内容の取扱い」として、幼稚園教育要領と同様、「ねらい」展開上の留意事項が提示されている。この点は、これまでの保育所保育指針にはなかった点である。また、「養護に関わるねらい及び内容」は、前述のとおり、第1章の第3「特に配慮すべき事項」部分に移動している。

内容的にこれまでの子ども観、保育観に変更はなく、実施すべき保育の内容について大きな変更はないといってよい。つまり、保育所から幼保連携型認定こども園に認可替えしたからといって、保育内容や保育の方法を大きく変更しなければならないことはない。

ちなみに著者は、前述したとおり、「学校教育」と「保育における教育」はいわゆるそれが行われる舞台の違いと考えるべきであり、「教育内容」に違いはないと考えている。ただし、「指導」という用語が、教育・保育要領では固有名詞（指導計画、安全指導等）や法律用語を除いて14回出現するのに対して、保育所保育指針では0回であり、また、保育場面における「集団」の用語の出現は、それぞれ9回、3回であるなど、教育・保育要領と保育指針には違いも見られている。

それは、たとえて言えば、山の登り方の違いと考えてもいい。目指す頂上は同じであるが、幼保連携型認定こども園、つまり学校は保育時間も短く学級集団を中心に考えるため、どちらかといえば集団を対象としてまっすぐに頂上を目指していくイメージがある。したがって、指導計画も入念に準備され、凝縮した時間が流れていく。一方保育所は、個々の子どもを支援の対象と考え、保育時間が長いこともあって、ゆっくりと回り道をして頂上を目指していく。ときには寄り道もできる。したがって、指導計画も子どもの主体性に合わせるため、どちらかといえば緩やかに策定されている。それは、どちらが良いといった問題ではなく、いわば両施設の持つ特性、歴史的経緯や文化の相違であるといえる。

今後は、それらの違いを保育場面において確認し合うとともに、相互の交流により、保育所、幼稚園、幼保連携型認定こども園の保育内容が、ますます高められていくことが必要である。

なお、幼児期の教育（学校教育を含む）は「生きる力[*31]の基礎を培う」ものであり、いわゆる「あと伸びす

＊30　「幼児期の教育」は教育基本法第11条にいう用語であり、保育所における教育も含む概念である。一方、「幼児教育」は文部科学省や中央教育審議会で使用される用語であり、幼児期の「学校教育」を連想させる用語である。したがって、「幼児教育」という用語は誤解を与えやすいため、保育所における教育を含む教育概念としては、「幼児期の教育」という用語が適切である。

＊31　文部省の中央教育審議会答申（平成8年）のなかで使用された用語であり、教育改革のスローガンとしての意味も持っている。「自分で課題を見つけ、自ら学び、自ら考え、主体的に判断し、行動し、よりよく問題を解決する資質や能力」「自らを律しつつ、他人とともに協調し、他人を思いやる心や感動する心等の豊かな人間性」「たくましく生きるための健康や体力」等の資質や能力を、これからの社会における「生きる力」と称している。

る力」を育てることに主眼が置かれる。つまり、就学後の教育、いわゆる教科教育を先取りして早く実施することではなく、生活やあそびを通して就学後に伸びるような基礎を培うことが必要とされるのである。

（2）「教育及び保育の内容に関する全体的な計画」と「教育課程」との関係

幼保連携型認定こども園では「教育及び保育の内容に関する全体的な計画」を作成するが、そのなかには、「教育課程に係る教育時間の教育活動のための計画[*32]」も構成要素とされており、いわゆる「教育課程」が含まれていると見る必要がある。ただし、解説には「これらの計画はそれぞれに作成するものではなく」とされ、「園児の園生活全体をとらえた計画」として策定されるべきことが示されている。このことは、実践現場における工夫等に委ねられているとも考えられ、実践の積み重ねにより、学校教育と保育（養護と教育を行う行為）とをひとつながりのものとしていくことが求められている。

特に、午前中から午後にわたる原則８時間の保育を同じ職員集団で進めてきた保育所においては、いわゆる教育標準時間のみ利用する子どもが入園してきた場合に、この点は特に重要となる。具体的には、たとえば学校教育の時間内で行われた制作で、次の日に続きを行うことになっているものについて、保育標準時間認定の子どもが午後に続きをやりたいと言った場合どうなるのかという点などは、個々の事情に応じた工夫が必要とされるであろう。教育標準時間認定の子どもや保護者と、「翌日に続きをする」と約束したりしている場合は、そのことを保育標準時間認定の子どもに納得してもらうことも必要かもしれない。具体的な保育のありようについては職場で十分協議しておくことが必要だし、事前に保護者にも説明して了解していただくことも必要とされるであろう。これらについては、認定こども園の先駆的な実践[*33]が役立つと思われる。

（3）連続性の強調

教育・保育要領には、「連続性」の用語が8カ所にわたって登場する。そのなかで、発達の連続性、生活の連続性、小学校との連続性、家庭や地域社会との連続性の四つの連続性が強調されている。この点は保育所保育指針と同様であるが、子どもの入園年齢がそれぞれ異なる幼保連携型認定こども園においては特に重要であり、「連続性」は、教育・保育要領の重要なキーワードであるといってよい。その意味でも、（2）で述べた「ひとつながりの保育」を大切にすることは重要なことである。

（4）福祉的視点

福祉的視点や生活としての視点が、「第1章第3　幼保連携型認定こども園として特に配慮すべき事項」や「第3章第2　特に配慮すべき事項」に組み込まれるかたちとなったため、内容は保育所保育指針と大きく変わらないにもかかわらず記述が順序だっておらず、福祉本来の視点にわかりにくさが残る結果となったことは否めない。児童福祉施設として本来的に大切にすべき事項が、いわば、教育を実施するにあたって「特に配慮すべき事項」として整理されたことは残念だが、その大切さが否定されるべきでないことは言うまでもない。幼保連携型認定こども園は学校であると同時に児童福祉施設であり、福祉のミッションを大切

＊32　内閣府・文部科学省・厚生労働省（2014）「幼保連携型認定こども園教育・保育要領解説」61頁。

＊33　実践の内容については、吉田正幸監修・全国認定こども園協会編著（2014）『認定こども園の未来――幼保を超えて』フレーベル館、などに詳しい。

にしなければならない。

（5）子育て支援・保護者支援

子育て支援は、幼保連携型認定こども園の本来業務のうちのひとつである。子育て支援は、園児の保護者に対する支援と、地域の子育て家庭に対する支援の二つに大きく分類される。幼保連携型認定こども園における子育て支援については、まず、認定こども園法第2条第12項に子育て支援事業についての規定がなされている。続いて、地域の子育て家庭に対する支援の内容については、「幼保連携型認定こども園の学級の編制、職員、設備及び運営に関する基準」第10条（子育て支援事業の内容）に規定されている。その内容は、①保護者が子育てについての第一義的責任を有することを基本認識とし、②子育てを自ら実践する力の向上を支援することを旨とし、③教育及び保育に関する専門性を活用し、④地域の実情に応じて必要とされることを保護者の要請に応じて、⑤地域人材や社会資源の活用を図りつつ実施することである。また、前述した特定教育・保育施設等運営基準の第17条（相談及び援助）には、相談援助の必要性が規定されている。

それらを受け、教育・保育要領においては、第1章総則の第3「幼保連携型認定こども園として特に配慮すべき事項」等において記載が見られる。そのなかでは、まず、「園児の保護者に対する子育ての支援」が語られ、具体的留意事項が8項目にわたって記述されている。続いて「地域における子育て家庭の保護者等に対する支援」が語られ、留意事項が2項目記述されている。

子育て支援を行う際には、第一に、子どもや保護者の実情や気持ち、意向を「受け止める」姿勢が大切になる。ちなみに、保育所保育指針にはこの点が明確に記述されているが、要領本文にはこの点についての記述が見られず[*34]、解説に書き込んでいる。子どもや保護者の実情や意向をまず丸ごと受け止め、そのうえで必要な支援を進めていくことは、支援の基本である。そのためには、たとえ保護者が子育てに対して否定的な気持ちを抱いていても、その気持ちに共感する姿勢や、保護者とともに子どもの成長を喜ぶ姿勢が必要とされる。

第二に、保護者の養育力の向上を目指した支援が必要とされる。また、親子関係を、その親子なりに共に成長していけるように支えるという視点を欠くことができない。そのためには、保育教諭の専門性を活用した支援も求められる。保育士の専門性を生かした保護者支援の知識・技術の体系である、「保育相談支援」についての学びが重要である。

第三に、地域の社会資源の活用、関係機関との連携等、ソーシャルワーク的視点が必要とされる。特に、障害児保育にあたっては特別支援学校や障害児支援機関との連携、保育所等訪問支援事業の活用が、虐待等が疑われる場合には要保護児童対策地域協議会等との連携が、不可欠のものとなる。園だけで抱え込まない姿勢が必要とされる。なお、被虐待児童に対する保育所の対応については、別稿[*35]を取りまとめているのでご参照いただきたい。

＊34　保育所保育指針は「受け止める」ことの大切さを園児について4カ所、保護者について2カ所について記述しているが、教育・保育要領は園児について3カ所あるものの、保護者については皆無である。ちなみに、幼稚園教育要領も園児について1カ所のみである。

＊35　柏女霊峰（2013）「保育所における子ども虐待防止」『ぜんほきょう』第246号、全国社会福祉協議会、2-5頁。

おわりに

幼保連携型認定こども園の創設によって目指されるべき社会は、社会的排除のない世界、ソーシャル・インクルージョン（社会的包摂）を目指す社会と考える必要がある。こうした視点に立つと、今後地域において、保育所は3歳未満児保育、なかでも乳児保育のノウハウを、近在の幼稚園の求めに応じて提供してほしいと願う。また、幼稚園は、入念に準備されたプログラムに基づく凝縮された時間のなかでの保育のありようを、保育所の求めに応じて提供してほしいと願う。相互の協働が、保育の質を高め、教育・保育要領に息吹を吹き込んでいくこととなるのである。実践が、教育・保育要領に命を宿らせていくことを祈りたい。

第4章

子ども・子育て支援制度と地域子育て支援

この章では、地域における子育て支援サービスの考え方と、サービスの現状について整理する。これまで述べてきたように、現代の家庭や地域社会は大きく変貌を遂げつつあり、これまで親族や地域社会のお互いの互助によって担われてきた子育て支援も制度化されてきている。特に、子ども・子育て支援制度において充実が図られている地域子ども・子育て支援事業のなかの、狭義の子育て支援事業についても解説する。子育て支援サービスの充実が目指す社会のありようについても、考えなければならない。

第1節　地域における子育て支援

1　地域における子育て支援の意義

もともと子育て支援は、歴史的には主として血縁・地縁型のネットワークによって担われてきた。しかし、近年の都市化、核家族化等の影響により、こうした血縁・地縁型の子育て支援のネットワークが弱体化し、それに代わるべき子育て支援システムが十分に機能していないこともあって、子どもの養育が両親、とりわけ母親の過重な負担としてかかってくることとなった。また、女性就労の一般化や、児童期から自然に身につけられていた親準備性の未形成等の現象も相乗的に働き、育児と就労の両立困難といった社会的問題や、子育て不安、子ども虐待に代表される子育ての孤立化も、社会問題として顕在化することとなった。

このような状況に対応するため、社会的子育てネットワークその他の、社会的子育て支援システムの整備が求められてくることとなった。地域における子育て支援活動は、こうした需要に応えるための活動として、近年、大きな意義を持っているといえる。

2　地域における子育て支援活動の類型

地域における子育て支援活動とは、次世代育成支援・子ども家庭福祉施策のうち、地域における活動、さらには民間、NPOレベルにおける自主的活動等の総合化された活動を指し、地域において子どもの育ち、子育て家庭のウェルビーイングを保障する諸活動である。広義の子育て支援活動は大きく、個別援助活動、子ども育成活動、子育て支援活動の3類型に分類できる。

また、一方で、ソーシャル・サポート・ネットワーク[*36]を活用した相談援助活動と、育児グループ支援等の子育て支援活動に、便宜的に類型化することもできる。

地域における子育て支援活動に固有の方法論としては、ソーシャルワーク（社会福祉援助技術）のなかの主要な技術体系としてのコミュニティワーク（地域援助技術[*37]）があるが、地域援助活動においては、それ以外の社会福祉援助技術も幅広く活用されている。それらの活動全体は、地域を基盤としたソーシャルワーク実践であるといってよい。

平成20年3月に通知された「保育所保育指針解説書」は、保育所におけるソーシャルワークについて、以下のように整理している。

　生活課題を抱える対象者と、対象者が必要とする社会資源との関係を調整しながら、対象者の課題解

＊36　社会福祉実践において、公的な機関や専門家によるフォーマルな援助に加え、家族や親類、ボランティアや近隣等によるインフォーマルな資源も含めて、それらを有機的に結合し、多面的に支援するネットワーク及びその形成を図ることである。

＊37　在宅福祉を核とする地域福祉を展開させるために、地域におけるニーズの質・量の把握と、それに対応する諸サービス供給システムの整備及び社会資源の開発、個別的ニーズにサービスを提供するための仲介・調整、サービスの提供等を、総合的、計画的に行う援助技術をいう。

決や自立的な生活、自己実現、よりよく生きることの達成を支える一連の活動をいいます。対象者が必要とする社会資源がない場合は、必要な資源の開発や対象者のニーズを行政や他の専門機関に伝える等の活動も行います。さらに、同じような問題が起きないように、対象者が他の人々と共に主体的に活動することを側面的に支援することもあります。（厚生労働省　2008. p.185）

つまり、子どもや子育て家庭が抱える個々の生活問題に対して、その人に必要なソーシャルサポート・ネットワークづくりを行い、あるいはケースマネジメント[*38]等の手法による問題解決を志向し、かつ、同種の問題が起きないよう福祉コミュニティづくりを目指す活動を、総合的に展開する営みであるといえる。

第2節　子育て支援事業

1　子育て支援事業の制度化

子育て支援事業は、平成15年の次世代育成支援対策推進法と同時に成立した改正児童福祉法において、初めて制度化された。それまでは、制度上は、子育て支援は親族や地域社会の互助において行われるとの視点に立っていたため、児童福祉法には保育所をはじめとする施設サービスが中心で、放課後児童健全育成事業や子育て短期支援事業等の在宅福祉サービスは、ほとんど法定化されていなかった。

ところが、これまで述べてきたように、こうしたシステムが限界に達し、施設サービスである保育所に利用希望が集まるようになったことも一因となって、待機児童問題が発生し、かつ、在宅子育て家庭の子育ての負担感が増大するに至って、政府は、子育てに関しても高齢者や障害者の介護と同様、在宅福祉サービスを法定化することとしたのである。これが子育て支援事業であった。

平成15年改正児童福祉法においては、「子育て支援事業」を新たに法定化し、それを放課後児童健全育成事業、子育て短期支援事業のほか、主務省令で定める以下の3事業に類型化した。

(1) 児童及びその保護者又はその他の者の居宅において保護者の児童の養育を支援する事業。
(2) 保育所その他の施設において保護者の児童の養育を支援する事業。
(3) 地域の児童の養育に関する各般の問題につき、保護者からの相談に応じ、必要な情報の提供及び助言を行う事業。

そして、市町村[*39]に対して、子育て支援事業に関する情報の収集及び提供、相談・助言、利用の斡旋、調整、子育て支援事業者に対する要請等を行う責務、を規定した。

＊38　「利用者の社会生活における複数のニーズを充足させるため、適切な社会資源を結びつける手続きの総体」と理解される。

＊39　児童福祉法第21条の11第1項には、「市町村は、子育て支援事業に関し必要な情報の収集及び提供を行うとともに、保護者から求めがあったときは、当該保護者の希望、その児童の養育の状況、当該児童に必要な支援の内容その他の事情を勘案し、当該保護者が最も適切な子育て支援事業の利用ができるよう、相談に応じ、必要な助言を行うものとする」と規定されている。

平成21年度から施行された改正児童福祉法は、これをさらに充実させるものであり、具体的には、①乳児家庭全戸訪問事業、②一時預かり事業、③地域子育て支援拠点事業、④養育支援訪問事業、といった子育て支援事業が法定化された。

さらに、平成24年の子ども・子育て支援法の制定及び児童福祉法改正により、平成27年度から新たに利用者支援事業、子育て援助活動支援事業（ファミリー・サポート・センター事業）が法定化され、これらを通じ、市町村を中心として保育や子育て支援サービス等の利用援助を図るとともに、地域においてソーシャルワークが展開できるためのシステムづくりが目指されている。

2　地域子ども・子育て支援サービス

平成27年度からの子ども・子育て支援制度の創設により、狭義の子育て支援事業を含む地域子ども・子育て支援事業は、内閣府の子ども・子育て支援交付金により実施されている。事業は13事業あるが、そのうち狭義の子育て支援事業に該当する事業の概要は、以下のとおりである。

(1)　利用者支援事業

利用者支援事業については平成26年度から先行実施事業として開始されていたが、26年度事業に母子保健型を加え、基本型、特定型の利用者支援専門員の養成研修が、子育て支援員研修制度に位置付けられるなど一部の変更を経て、平成27年度から本格的に実施されている。

本事業の目的は教育・保育・保健その他の子育て支援を円滑に利用できるよう支援することであり、事業者は、身近な場所で情報提供や相談・助言等を行い、関係機関との連絡調整も行う。1事業所に1名以上、一定の資格・経験を有し、研修を受講した「利用者支援専門員」（基本型、特定型の場合）が配置され、基本型、特定型、母子保健型の3類型の事業となる。利用者支援事業の業務は、公的サービスの利用調整のみならず、民間の自主的活動やインフォーマルな社会資源等も含めたさまざまな社会資源を、利用者のニーズに応じて調整し支援することであり、ソーシャルワークにかなり近い業務ということができる。創設の経緯や事業内容の詳細等については、次章をご参照いただきたい。

（2）放課後児童健全育成事業

平成9年の児童福祉法改正により法定化された、第二種社会福祉事業である。放課後児童健全育成事業は、児童福祉法第6条の3第2項に基づき、小学校に就学している子どもで、その保護者が労働等により昼間家庭にいない者に、授業の終了後に児童厚生施設等の施設を利用して適切な遊び及び生活の場を与え、子どもの状況や発達段階を踏まえながら、その健全な育成を図る事業である。平成27年度から、対象児童の年齢（おおむね10歳まで）が削除されて「小学生」とされ、職員の資格等も定められたうえで、大幅な拡充が図られることとなっている。事業の内容の詳細については、第6章をご参照いただきたい。

（3）子育て短期支援事業

この事業は、「保護者の疾病その他の理由により家庭において養育を受けることが一時的に困難となった児童について、厚生労働省令で定めるところにより、児童養護施設その他の厚生労働省令で定める施設に入所させ、その者につき必要な保護を行う事業」（児童福祉法第6条の3第3項）である。

一定期間養育・保護する短期入所生活援助（ショートステイ）事業と、平日の夜間や休日に生活指導や食事の提供等を行う、夜間養護等（トワイライト）事業がある。市町村が実施主体である。

（4）乳児家庭全戸訪問事業

この事業は、「一の市町村（特別区を含む。以下同じ）の区域内における原則としてすべての乳児のいる家庭を訪問することにより、厚生労働省令で定めるところにより、子育てに関する情報の提供並びに乳児及びその保護者の心身の状況及び養育環境の把握を行うほか、養育についての相談に応じ、助言その他の援助を行う事業」（同法同条第4項）である。法定化までは、生後4カ月までの全戸訪問事業（こんにちは赤ちゃん事業）と呼ばれて補助がなされていた事業である。

（5）養育支援訪問事業・子どもを守る地域ネットワーク機能強化事業

養育支援訪問事業は、「厚生労働省令で定めるところにより、乳児家庭全戸訪問事業の実施その他により把握した保護者の養育を支援することが特に必要と認められる児童（第八項に規定する要保護児童に該当するものを除く。以下「要支援児童」という。）若しくは保護者に監護させることが不適当であると認められる児童及びその保護者又は出産後の養育について出産前において支援を行うことが特に必要と認められる妊婦（以下「特定妊婦」という。）に対し、その養育が適切に行われるよう、当該要支援児童等の居宅において、養育に関する相談、指導、助言その他必要な支援を行う事業」（同第5項）をいう。

また、子ども・守る地域ネットワーク機能強化事業は、要保護児童対策地域協議会（子どもを守る地域ネットワーク）の機能強化を図るため、調整機関職員やネットワーク構成員（関係機関）の専門性強化と、ネットワーク機関間の連携強化を図る取り組みを実施する事業である。

（6） 地域子育て支援拠点事業

この事業は、乳児または幼児及びその保護者が相互の交流を行う場所を開設し、子育てについての相談、情報の提供、助言その他の援助を行う事業をいう。平成24年度補正予算により、従来のひろば型とセンター型を「一般型」に再編し、職員配置や活動内容に応じた支援の仕組みとし、児童館型は「連携型」として実施対象施設を拡充する再編が行われた。

また、機能強化策として、「利用者支援」と「地域支援」を行う「地域機能強化型」が創設されていたが、平成27年度から、利用者支援事業の創設により地域機能強化型を再編し、地域支援を拠点事業に付加する。地域機能強化型地域子育て支援拠点は、地域子育て支援拠点において利用者支援事業も実施できるようにするものである。

（7） 一時預かり事業

この事業は、家庭において保育を受けることが一時的に困難となった乳児または幼児について、主として昼間、保育所その他の場所において一時的に預かり、必要な保護を行う事業である。平成27年度から、現行の保育所型、地域密着型、地域密着Ⅱ型が一般型に再編された。保育士の複数配置を基本としつつ、保育所等と一体的に事業を行う場合には保育士を1名とすることができる。一般型のほか、機能強化した基幹型、施設加算、幼稚園型（これまでの幼稚園預かり保育）、余裕活用型、訪問型（障害児等）の類型も創設されている。3歳未満児の子育て家庭にとって、最も高いニーズに対応する事業である。

（8）子育て援助活動支援事業（ファミリー・サポート・センター事業）

乳幼児や小学生等の保護者を会員として、子どもの預かり等の援助を受けることを希望する者と、当該援助を行うことを希望する者との相互援助活動に関する連絡、調整を行う事業である。子ども・子育て支援法ならびに平成24年改正児童福祉法において、「子育て援助活動支援事業」として法定化された。

3　子育て支援サービスの理念

子育て支援事業は曲がり角を迎えている。これまでは、いわば地域社会の互助システムとして、NPO等によりいわばボランティア的に取り組まれてきた。しかし、それらの活動が制度化され、また、地域子育て支援拠点事業等は、第二種社会福祉事業として社会的責任を担う活動として進められている。当然、利用者の目も厳しくなる。苦情解決の仕組みの制度化等も求められている。

しかしながら、地域子育て支援活動は、決して利用者をサービスの単なる受け手と見なすことがあってはならない。むしろ、子育て支援事業という仕組みを導入することによって、地域の人々のなかにゆるやかなつながり、子育て家庭同士のつながりの再生を図る、という視点を重要視しなければならない。それは、単なる市場ベースのサービスのみでは決して再生されない。

地域子育て支援活動は、子どもと家族のための支援を「地域」を共通舞台として再構成する役割を担っているといえ、さらには、地域全体をエンパワーしていく重要な意義を持った活動であるといえる。まさに、ソーシャル・インクルージョン、共生といった理念を実現するための大切な社会資源の可能性を持っている。地域子育て支援活動が、親子の関係をより良くしていくための仲間づくりや親自身のエンパワー、子ども同士の関わりの場を支援する役割を超えて、こうした社会づくりを念頭に置いた支援ができていくかどうかは、これからの検討、実践にかかっているといってもよい。

　子育て支援事業は何をすべきなのか、その目的は何なのか。子育て支援事業が制度として組み込まれ、子ども・子育て支援法が施行されて大幅拡充が検討されている今こそ、そのことをしっかりと議論しておかねばならない。

第5章

利用者支援事業

平成26年度から、子ども・子育て支援制度[*40]創設に先駆けて、いわゆる利用者支援事業が先行実施されている。本事業は、これまで一部の自治体等で先駆的に実施されていたものが、子ども・子育て支援制度検討の途上で、国会審議による3党合意に基づく修正により、急きょ制度化された事業である。そのため、何を目的とし、どのような内容で、どのような意義を有する事業とすればいいのか、必ずしも合意が得られているとは言い難い事業である。

そこで、本章では、平成27年度から創設されている利用者支援事業について章をおこして取り上げ、事業創設の経緯について整理し、事業の制度上の位置付け、実施上の配慮事項や課題について考えてみたい。

1　利用者支援事業創設の経緯と検討

（1）利用者支援事業創設の経緯

利用者支援事業の前身の事業は、平成15年度から創設された子育て支援総合コーディネート事業である。この法改正によって児童福祉法に子育て支援事業が位置付けられ、そのコーディネートを図る事業として創設された経緯がある。しかし、十分にその機能を果たすことがかなわず、しばらくして一般財源とされた経緯をもつ。

こうしたこともあり、利用者支援事業は当初、子ども・子育て支援制度の検討には含められていなかった。子ども・子育て支援制度ではすでに市町村の責務として、「子ども及びその保護者が置かれている環境に応じて、子どもの保護者の選択に基づき、多様な施設又は事業者から、良質かつ適切な教育及び保育その他の子ども・子育て支援が総合的かつ効率的に提供されるよう、その提供体制を確保すること」（子ども・子育て支援法第３条第１項第３号）と規定されていたからである。

また、児童福祉法第21条の11第１項においても、「市町村は、子育て支援事業に関し必要な情報の収集及び提供を行うとともに、保護者から求めがあったときは、当該保護者の希望、その児童の養育の状況、当該児童に必要な支援の内容その他の事情を勘案し、当該保護者が最も適切な子育て支援事業の利用ができるよう、相談に応じ、必要な助言を行うものとする」と規定されている。

＊40　子ども・子育て支援制度の呼称については、第１章の＊１のとおりである。

しかしながら、いくつかの地方自治体においてはすでに、主として保育サービスの調整（横浜市等）や子育てコーディネーター事業（松戸市等）、子育て家庭に対する子育て支援プランの作成（石川県）等の先駆的な事業が実施されていた。

また、待機児童問題が特に都市部において深刻となり、自治体に申請しても保育サービスを受けられなかった保護者が、集団で自治体に対する行政不服申立てを行うという事態も見られるようになっていた。

さらに、この子ども・子育て支援制度自体がかなり複雑な制度であり、高齢者福祉における介護支援専門員、障害者福祉における障害者相談支援専門員等の、利用者のサービス利用を支援する制度を導入すべきという声も高まっていた背景もあった。

こうした動向から、提供体制の整備だけでは市町村の責務を果たすことは困難と判断され、平成24年6月に新たな事業として、国会における自民党、民主党、公明党の3党合意による修正で盛り込まれるようになったのが、いわゆる利用者支援事業である。3党合意による給付制度の修正により、制度がより複雑になったことも、本事業創設の後押しとなった。

（2）利用者支援事業の内容の検討

子ども・子育て支援法第59条第1項第1号では、地域子ども・子育て支援事業の一つとして、以下の利用者支援事業が法定化されている。すなわち、「子ども及びその保護者が、確実に子ども・子育て支援給付を受け、及び地域子ども・子育て支援事業その他の子ども・子育て支援を円滑に利用できるよう、子ども及びその保護者の身近な場所において、地域の子ども・子育て支援に関する各般の問題につき、子ども又は子どもの保護者からの相談に応じ、必要な情報の提供及び助言を行うとともに、関係機関との連絡調整その他の内閣府令で定める便宜の提供を総合的に行う事業」であり、これが、通知により利用者支援事業と呼ばれているものである。

利用者支援事業としては、当初、サービスの利用支援に重点が置かれていた。国会審議では横浜市のいわゆる保育コンシェルジュ事業が注目され、保育サービス利用の調整、支援の必要性が本事業の創設の意義として注目された。この場合は、保育サービスを提供する行政窓口において実施することが、最も有効とされる。

しかし、自治体ではこのような狭義の利用支援のみならず、子育て相談への対応や地域の関係機関等との連携を図った解決、新たな社会資源を開発していくいわゆる利用者支援も重要と認識され、それらは地域子育て支援拠点事業の地域機能強化型として、すでに平成24年末の補正予算で財源を確保し、平成25年度から創設されていたのである。

この事業類型は、通常の拠点事業に加えて、「子育て親子が子育て支援に関する給付・事業の中から適切な選択ができるよう、地域の身近な立場から情報の集約・提供を行う利用者支援や、親子の育ちを支援する世代間交流や訪問支援、地域ボランティアとの協働による支援等の地域支援を実施する」（厚生労働省雇用均等・児童家庭局長通知〈2013〉「地域子育て支援拠点事業実施要綱」）事業として展開されてきていた。したがって、本事業は利用支援を含む広義の利用者支援事業として、地域子育て支援拠点においてこそ実施されるべきとの意見も根強くあった。

そこで、厚生労働省では「利用者支援事業」の事業イメージを検討するため、全国の先駆的な事業に学びつつ整理を進める研究事業[*41]を平成25年９月から開始し、利用者支援事業の機能や役割について研究を続けてきた。その結果、平成26年度早々に利用者支援事業実施要綱[*42]ならびに利用者支援事業ガイドライン[*43]が策定、発出され、平成26年度からの利用者支援事業の先行実施につながったといえる。

（3）利用者支援事業の先行実施

こうして平成26年度から、利用者支援事業が先行実施事業として始まった。平成26年度事業に母子保健型を加え、利用者支援専門員の養成研修が子育て支援員研修制度に位置付けられるなど一部の変更を踏まえ、平成27年度から本格的に実施されている。その全体像は図5-1のとおりで、詳細は平成27年5月発出の実施要綱[*44]ならびに改正利用者支援事業ガイドラインに示されている。

本事業の目的は、教育・保育・保健その他の子育て支援を円滑に利用できるよう支援することであり、事業者は、身近な場所で情報提供や相談・助言等を行い、関係機関との連絡調整も行うものである。1事業所に1名以上、一定の資格・経験を有し、研修を受講した「利用者支援専門員」（基本型、特定型の場合）や保健師等の専門職（母子保健型の場合）が配置され、基本型、特定型、母子保健型の3類型の事業がある。

＊41　著者は本研究事業のメンバーとして参画し、委員間の議論を通じて多くのことを学ばせていただいた。

＊42　平成26年5月29日付雇児発０５２９第16号厚生労働省雇用均等・児童家庭局長通知「利用者支援事業の実施について」。

＊43　平成26年10月6日付府政共政第９５０号・26文科初第７０４号・雇児発１００６第1号内閣府政策統括官（共生社会政策担当）・文部科学省初等中等教育局長・厚生労働省雇用均等・児童家庭局長連名通知「利用者支援事業ガイドラインについて」。

＊44　実施要綱は、平成27年5月21日付府子本第83号・27文科初第２７０号・雇児発０５２１第1号「利用者支援事業の実施について」による。また、改正ガイドラインは、平成27年5月21日付府子本第85号・27文科初第２５７号・雇児発０５２１第2号通知である。なお、本実施要綱の発出に伴い、平成26年に厚生労働省から発出された実施要綱通知は廃止された。

事業の目的

子ども・子育て支援の推進にあたって，子ども及びその保護者等，または妊娠している方がその選択に基づき，教育・保育・保健その他の子育て支援を円滑に利用できるよう，情報提供及び必要に応じ相談・助言等を行うとともに，関係機関との連絡調整等を実施し，支援。

主な事業内容

○総合的な利用者支援

子育て家庭の「個別ニーズ」を把握し，教育・保育施設及び地域の子育て支援事業等の利用に当たっての「情報集約・提供」「相談」「利用支援・援助」

○地域連携

子育て支援などの関係機関との連絡調整，連携・協働の体制づくりを行い，地域の子育て資源の育成，地域課題の発見・共有，地域で必要な社会資源の開発等

いずれかの類型を選択して実施。

①「基本型」:「利用者支援」と「地域連携」を共に実施する形態
（主として，行政窓口以外で，親子が継続的に利用できる施設を活用。）

②「特定型」:主に「利用者支援」を実施する形態※地域連携については，行政がその機能を果たす。
（主として，行政機関の窓口等を活用。） （例；横浜市「保育コンシェルジュ事業」）

③「母子保健型」:保健師等の専門職が全ての妊産婦等を対象に「利用者支援」と「地域連携」を共に実施する形態
※継続的な把握，支援プランの策定を実施
（主として，保健所・保健センター等を活用。）

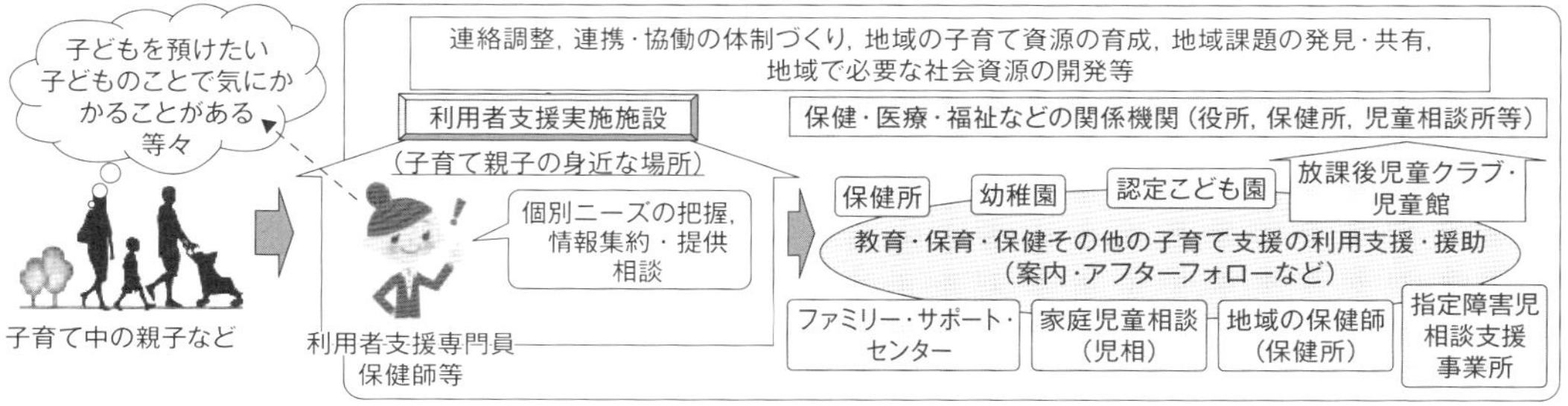

図 5-1 利用者支援事業について（内閣府「すくすくジャパン　子ども・子育て支援新制度について（平成 27 年 7 月）」2015，p. 71）

つまり、利用者支援事業の業務は、公的サービスの利用調整のみならず、民間の自主的活動やインフォーマルな社会資源等も含めたさまざまな社会資源を、利用者のニーズに応じて調整し支援することであり、特に基本型はソーシャルワークにかなり近い業務ということができる。

平成27年3月に策定された少子化社会対策大綱[*45]においては、平成31年度末に、基本型、特定型合わせて1千800カ所とし、また、母子保健型である子育て世代包括支援センターは、おおむね平成32年度末までに全国展開を目指すこととされている。

①基本型事業の概要

利用者支援事業実施要綱によれば、基本型は、子ども及びその保護者等が、教育・保育施設や地域の子育て支援事業等を円滑に利用できるよう、身近な場所において、当事者目線の寄り添い型の支援を実施するものである。実施場所としては、主として身近な場所で、日常的に利用でき、かつ相談機能を有する施設が考えられている。利用者支援を行う職員は利用者支援専門員と呼ばれ、子育て支援員（地域子育て支援コース）の利用者支援事業（基本型）に規定する内容の研修を修了していることが要件となる。業務としては、利用者の個別ニーズを把握し、それに基づいて情報の集約・提供、相談、利用支援を行うこと、関係機関との連絡・調整、連携、協働の体制づくりを行うとともに、地域の子育て資源の育成、地域課題の発見・共有、地域で必要な社会資源の開発等に努めること、その他、利用者支援事業の広報・啓発等である。

②特定型事業の概要

同じく利用者支援事業実施要綱によれば、特定型は、待機児童の解消等を図るため、行政が地域連携の機能を果たすことを前提に、主とし保育に関する施設や事業を円滑に利用できるよう支援を実施するものである。実施場所は、主として市町村窓口である。利用者支援専門員は、子育て支援員（地域子育て支援コース）の利用者支援事業（特定型）に規定する内容の研修を、修了していることが要件となる。業務としては、基本型事業の一部であり、行政窓口でのいわゆる利用支援が中心となり、地域連携やソーシャルワーク的支援等までは実施しない。

（４）平成27年度の本格実施に向けた修正

平成26年度から基本型、特定型を中心として先行実施されてきた利用者支援事業は、平成27年度の本格実施にあたってその後の動向を踏まえ、前述の通知、ガイドラインにより、以下の２点について修正が行われている。

①子育て支援員研修制度の創設[*46]

子育て支援員とは、都道府県、市町村により実施される基本研修及び専門研修を修了し、「子育て支援員研修修了証書」の交付を受けたことにより、子育て支援員として保育や子育て支援分野の各事業等に従事するうえで必要な知識や技術等を、修得したと認められる者をいう。平成27年度から創設されている。専門研修の一環として地域子育て支援コースがあり、そのなかに、利用者支援事業（基本型）と、利用者支援事業

＊45　平成27年３月20日閣議決定「少子化社会対策大綱――結婚、妊娠、子ども・子育てに温かい社会の実現をめざして」。
＊46　平成27年５月21日付雇児発０５２１第18号「子育て支援員研修事業の実施について」による。

（特定型）の二つのタイプの研修カリキュラムが用意され、この研修により利用者支援専門員の養成がなされることとなる。

②「母子保健型」の創設について

これまでの利用者支援事業の類型である「基本型」、「特定型」に加えて、平成27年度予算に基づいて新たに「母子保健型」が創設されている。これは、平成26年に制定されたまち・ひと・しごと創生法第8条に基づく、まち・ひと・しごと創生総合戦略（平成26年12月27日閣議決定）に規定された、妊娠・出産・子育ての切れ目のない支援を目指すもので、妊娠期から子育て期にわたるまでのさまざまなニーズに対して総合的相談支援を提供する、ワンストップ拠点（子育て世代包括支援センター）[*47]を整備するものである。

すなわち、保健師等の専門職が妊産婦等に対して総合的相談を行うとともに、必要なサービスをコーディネートし、切れ目のない支援を実施するものである。また、必要に応じて関係機関と協力して支援プランを策定することにより、妊産婦に対してきめ細かい支援を実施するものである。平成26年度から妊娠・出産包括支援モデル事業の一部として実施されてきたものを制度化するものであり、利用者支援事業の広がりが期待される。次項で述べる千葉県浦安市の先駆的実施事例等がこれに相当する。

なお、母子保健型については、基本型や特定型のような当事者目線の寄り添い型支援とは異なる専門的支援であり、今後、子育て世代包括支援センターの別称が示すとおり、そのあり方について別途、検討が必要とされるであろうことも付言しておきたい。

2　利用者支援事業の先行事例、調査研究

（1）先駆的取り組み

利用者支援事業の先行実施事業については、前述したいくつかの事業がある。たとえば、横浜市の保育コンシェルジュ事業は、保護者ニーズと保育サービスとを適切に結びつけることを目的とし、保育サービスに関する専門相談員（非常勤嘱託員）を各区の子ども家庭支援課に配置するものである。また、千葉県松戸市の子育てコーディネーターは、地域子育て支援拠点に一定の研修を修了した子育てコーディネーターを配置し、子育てに関する支援サービスの紹介や相談対応を行うものである。千葉県浦安市の子育てケアマネジャーは、庁舎と子育て支援センター二つの拠点に、子育て・家族支援者養成講座を修了した子育てケアマネジャーを非常勤職員として配置して、市の窓口と市民が寄り添う窓口とを役割分担化する仕組みである。

さらに、石川県が市町を通じて実施するマイ保育園登録事業及び子育て支援プラン作成事業は、妊娠中の保護者が身近な保育所等に登録して各種支援を受けるとともに、出生後に、一定の研修を修了して県に登録された子育て支援コーディネーターとともに、子育て支援プランを作成する事業である。いずれも保育サービスの確保に苦労したり、子育てに困難を抱えたりしている保護者にとって、大きなよりどころとなってい

＊47　これは、フィンランドの「ネウボラ」がモデルとなっている。ネウボラは、妊娠期から子育て期にわたる切れ目のない支援をワンストップで行うための地域拠点であり、妊娠、出産等にかかる相談支援や、関係機関と連携しての子育てにかかる支援を行っている機関である。

る事業である。これらの先駆的事業については、子ども・子育て会議配布資料や内閣府調査[*48]、その他[*49]で紹介されている。

なお、千葉県浦安市の子育てケアプラン作成等事業は、前述した母子保健型利用者支援事業（子育て世代包括支援センター）をいわば先取りしたものであり、妊娠・出産から子育て期までのさまざまなニーズに対して、相談・利用者支援をワンストップで行うことを目指したものといえる。

（2）主な先行調査研究

①東京都社会福祉協議会

こうした先駆的事業の分析や、利用者支援事業のあり方について調査研究を進めた報告書も散見されている。たとえば、東京都社会福祉協議会[*50]は、都内の区市町村保育主管課、子育て支援主管課を対象にアンケート調査を実施し、区市町村による相談支援、地域支援、情報提供の現状を把握し、さらにいくつかの実践事例のヒアリング等を踏まえて、区市町村による利用者支援事業の実施に向けたマニュアルを作成している。そのなかには、前述した横浜市や浦安市、石川県のほか、新宿区や稲城市が実施している事業が紹介されている。

②子育てひろば全国連絡協議会

さらに、子育てひろば全国連絡協議会では、平成24年度、住友生命からの助成を受け、子育て支援コーディネーター調査研究委員会（委員長は著者）を設置して子育て支援コーディネーターの役割と機能に関す

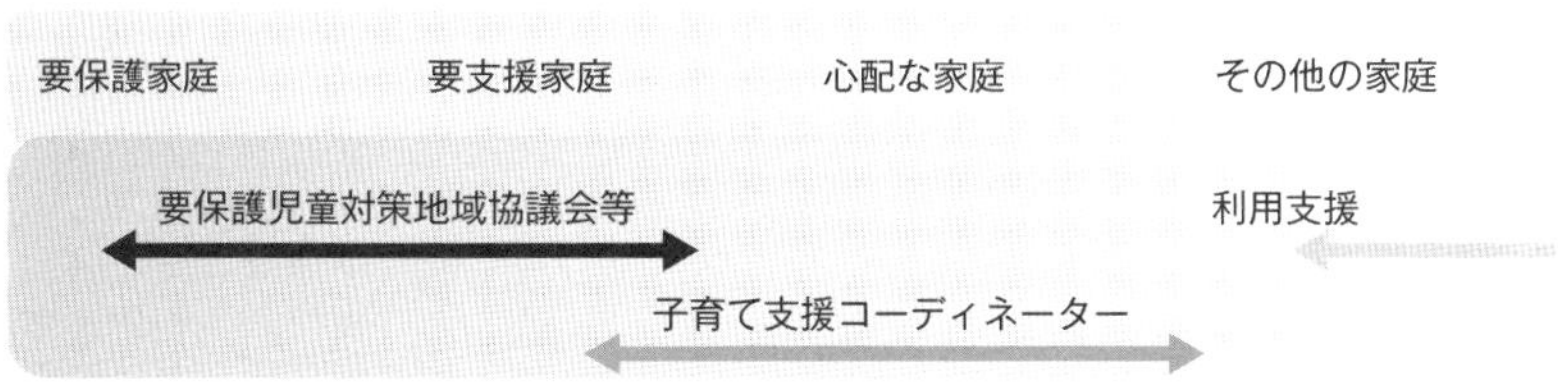

図5-2　他の活動との役割分担イメージ図

（子育て支援コーディネーター調査研究委員会『子育て支援コーディネーターの役割と位置づけ［概要版］』〈2013〉，p.4）

る研究を進め、「子育て支援コーディネーターの役割と位置づけ」と題する報告書[*51]を公表している。この報告書では、子育て支援コーディネーター設置の目的と支援の対象、役割と守備範囲等について、先駆的実践を踏まえて規定している。

特に、対象については、「主として就学前児童を育てる家族（要支援から地域の日常場面で「心配」な家庭）を対象とし、その他、希望する妊婦や18歳未満児童とその保護者も対象とする」[*52]と規定し、その守備範囲については、生活困難者と社会的に認知されてから支援を開始するのではなく、子ど

＊48　著者も委員として参画して実施した内閣府委託調査である平成24年度「全国自治体の子育て支援施策に関する調査」（2013）においては、全国30自治体の子育て支援施策の紹介ならびに各種子育て支援事業が紹介されており、利用者支援事業については、松戸市のほか、東京都品川区、神奈川県鎌倉市等の事業が紹介されている。

＊49　たとえば、松戸市の事業については、松戸市子ども部子育て支援課「身近な子育ての総合的な相談者「子育てコーディネーター」について」『こども未来』平成26年度第3号、こども未来財団、に紹介されている。

＊50　子ども・子育て支援マネジメントシステム検討プロジェクト（2014）「区市町村による利用者支援事業の実施に向けて」東京都社会福祉協議会。

＊51　子育て支援コーディネーター調査研究委員会（2013）『子育て支援コーディネーターの役割と位置づけ［報告書］』子育てひろば全国連絡協議会。なお、報告書はプライバシー保護の観点から未公表であり、概要版が公表されている。概要版は、子育てひろば全国連絡協議会ホームページからダウンロードできる。

もを授かり、子どもを育てることを開始したときから、すべての子育て家庭が社会的に包摂される仕組みを地域の中につくることを目指すと考えている。そのため、**図5-2**のように守備範囲を規定[*53]している。

つまり、子育て支援コーディネーターはより予防的な支援を指向し、そのために個別家庭を対象とする支援方法（個別的支援）だけでなく、個別の支援が効果的に機能する仕組み（地域資源のネットワーク化や資源開発等）の地域支援も、必要とされると考えているわけである。こうした視点は政府の利用者支援事業制度検討にも援用され、この報告書は国の利用者支援事業、特に基本型のモデルとなった報告書といえる。

子育てひろば全国連絡協議会ではこの研究を受け、平成26年度から、「地域子育て支援拠点等親子が継続的に利用できる施設で、個別の家庭状況を踏まえた支援のコーディネートをする方を対象とする「子育て支援コーディネーター養成講座」を開催」（子育てひろば全国連絡協議会ホームページ）している。この子育て支援コーディネーターは、国の利用者支援事業の専門職である利用者支援専門員にほぼ該当している。

さらに、平成26年9月には『利用者支援事業の実践のために[*54]』と題するパンフレットを発刊し、地域子育て支援拠点事業を核とした利用者支援事業を応援している。パンフレットには、利用者支援事業の概要のほか、五つの実践事例や事例から学ぶ実践のあり方等が紹介されており、拠点が中心となった利用者支援事業開設のマニュアルとしても使用できるようになっている。

3　利用者支援事業と関係機関との協働・連携

(1) 関係機関との協働・連携の必要性

子ども・子育て支援制度においては、自治体、企業、団体、地域等の協働、連携は、重要な事項ととらえられている。特に子ども・子育て支援制度と異なる舞台、たとえば、社会的養護や障害児支援、ひとり親家庭福祉等の舞台との連携は、内閣府の告示である子ども・子育て支援法に関する基本指針[*55]でも明確に示されている。また、子ども・子育て支援制度における各種給付を整理して利用支援に結びつけたり、身近な場所で相談に乗って必要な支援につなげたり、新たな資源の開発に結びつけたりすることも大切とされ、これまで述べてきた利用者支援事業創設の論拠ともなっている。

特に、利用者支援事業においては、当該事業の実施主体のみで解決できる問題はそう多くはないといえ、関係機関との協働・連携は欠かせないものとなる。しかし、協働・連携は、そう簡単にできることではない。いくつかの原理ともいうべき事項を、しっかりと確認しておくことが必要とされる。

（2）協働・連携の原理

協働・連携に求められる事項を整理すると、以下のとおりである。

第一に、協働・連携とは、「異なる主体の対等な関係」であることを銘記しておくことが必要とされる。

＊52　子育て支援コーディネーター調査研究委員会（2013）『子育て支援コーディネーターの役割と位置づけ［概要版］』子育てひろば全国連絡協議会、４頁。

＊53　子育て支援コーディネーター調査研究委員会（2013）『子育て支援コーディネーターの役割と位置づけ［概要版］』子育てひろば全国連絡協議会、４頁。

＊54　子育てひろば全国連絡協議会編（2015）『利用者支援事業の実践のために』。

＊55　基本指針の正式名称は、内閣府告示第１５９号「教育・保育及び地域子ども・子育て支援事業の提供体制の整備並びに子ども・子育て支援事業の円滑な実施を確保するための基本的な指針」である。

決して、どちらかがどちらかを補完する、あるいは上下関係になるということではない。このことの自覚がまず基本となる。

第二に、互いに協働・連携の「相手を知る」ことが必要とされる。相手を知り、顔の見える関係をつくることにより、協働・連携は進めやすくなる。

第三に、協働・連携の「ミッションと目標を共有する」ことが大切となる。協働・連携によって何を実現するのかという共通理解がないと、どこかでほころびが生じることとなる。

そのうえで、第四に、「対話と活動を重ねる」ことが大切となる。価値や文化の異なる主体同士では、思わぬところで行き違いが生じがちである。そのたびに対話を重ね、活動をともに行うことで相互信頼が生まれてくることとなる。

その際、第五として、「長所を生かし短所を補う（互いの資源を生かす）」という視点を忘れるわけにはいかない。それぞれの機関・施設の得意分野と限界、特性の最適な組み合わせが協働・連携を効果的にしていく。

そのためには、第六として、「それぞれの得意分野を生かし、かつ、それだけに限定せずそれぞれの機関・施設の活動ののりしろ部分を増やす」ことが必要とされる。のりしろ部分、つまり、相手とつながる余裕がなければ協働・連携には無理がきてうまくいかない。

最後に、それぞれが「自在になる」ことが重要である。いたずらに自らのミッションに拘泥することなく、相手の価値、ミッションに対しても開かれていることが大切である。これらの視点は、具体的実践を振り返る指標の一つとして肝に銘じる必要がある。

4　利用者支援事業の今後の展開に向けて

利用者支援事業の今後の課題としては、狭義の子ども・子育て支援制度の枠内の利用者支援を超えて障害児支援分野や子ども虐待分野の利用者支援、調整機関とどのようにつながれるかということが指摘できる。たとえば、障害を有している子ども、あるいは気になる状態の子どもの場合、子ども・子育て支援法の世界だけでは十分な支援ができないこともありうる。その場合に、利用者支援専門員が、障害児相談支援事業所のコーディネーターである障害児相談支援専門員としっかりつながれるかが課題とされる。場合によって、子ども・子育て支援制度と障害児支援制度の両方の施策を並行利用するということも多々あるわけであり、その場合には、ワンストップサービスや、あるいは利用者支援の工夫そのものも行われなければならない。障害児支援分野の利用者支援との整合性の確保ということが、大きな課題となると考えられる。他の分野も包含した、包括的な利用者支援のシステムを考えていくことが必要とされる。

同時に、要保護児童対策地域協議会の調整機関との連携も必要とされる。要保護児童対策地域協議会は、行政が主体となった要保護児童のための制度的ネットワークであり、構成メンバーには罰則付きの守秘義務が課されるとともに、調整機関の役割も明定されている。この機会に、国の通知である要保護児童対策地域協議会設置・運営指針を改正して、利用者支援事業の事業主体を要保護児童対策地域協議会の構成メンバーとするなどの対応が必要とされる。

それと同時に、メンバーではない機関・施設との個人情報の共有のため、「福祉分野における個人情報保護に関するガイドライン」(平成25年3月、厚生労働省)を参考に、個人情報の取り扱いに関するルールを定めておくことも必要とされる。

おわりに

利用者支援事業は、子どもと家族のためのサービスを、「地域」を共通舞台として再構成する役割を担っているといえ、さらには、地域子育て支援拠点事業とともに実施されることで、地域全体をエンパワーしていく重要な意義を持った活動であるといえる。まさに、ソーシャル・インクルージョン（social inclusion 社会的包摂）、共生といった理念を実現するための、大切な社会資源としての可能性を持っている活動といえる。

利用者支援事業が、利用者が必要とするサービスの情報提供や利用調整・支援、切れ目のない支援の実現という固有の役割を超えて、こうした社会づくりを念頭に置いた支援ができていくかどうかは、これからの検討、実践にかかっているといってもよい。

利用者支援事業は大きな可能性を有する事業であるとともに、その役割を否定するわけではないが、単なる利用者支援にその役割を矮小化されかねない事業でもある。インクルーシヴな地域社会づくりは利用者支援事業だけではできないが、本事業がその実現のための大きな可能性を有していることも、また否定できないことであろう。

以下は、全国社会福祉協議会の報告書[*56]が提示した、制度の狭間にあると考えられる事例である。

【本提言で想定する、制度の狭間にあると考えられるケース】（著者一部改変）

（1）引越しを繰り返し、地域や周囲の人々とのつながりが途切れてしまい、孤立し、課題を抱えても誰も気づく人がいない親子。
（2）乳幼児健康診査を受診していない親子。
（3）妊婦健康診査を受診していない妊婦。
（4）行政の子育て支援サービスや、民間の支援活動等に関する情報を得ることが困難な親子。
（5）障害のある子どもの育児を負担に感じているが、支援を求めることが困難な親子。
（6）就学している年齢の子どもに非行等問題行動があり、悩んでいる保護者。
（7）乳児を抱えたひとり親家庭で、仕事が休めず、誰の支援も期待できず、子どもを家に放置する保護者。もしくは無資格者が行うベビーシッター等のサービスを利用する保護者。
（8）精神疾患等疾病により、育児が困難な保護者。

こうした事例に利用者支援事業は、関係機関と協働・連携しつつ、どのように支援を行うことができるのだろうか。今後、さまざまな実践を集約して、利用者支援事業の可能性と限界を追求していかなければならない。

＊56　新たな子ども家庭福祉の推進基盤の形成に向けた取り組みに関する検討委員会（2014）『子どもの育ちを支える新たなプラットフォーム――みんなで取り組む地域の基盤づくり』全国社会福祉協議会、21頁。

第6章

放課後児童健全育成事業

第1節　子ども・子育て支援制度と放課後児童クラブ

1　放課後児童クラブの課題

障害のある子どもを含むすべての子どもたちの豊かな放課後生活の保障は、児童健全育成の大きなテーマである。放課後生活の保障に関しては、親の育児と就労支援の視点からも放課後児童クラブに注目が集まっており、子ども・子育て支援制度[*57]においても改革の主要なテーマとされている。

実際、放課後児童クラブの運営は厳しい状況にある。子ども家庭福祉政策全体にわたって目を通してみても、学童期、特に前半部分が政策のエアポケットになっている。その一例が、保護者から見たいわゆる「小1、小4の壁」、子どもから見た「小1プロブレム」である。就学前の子どもたちは遊びと生活を通して発達保障が行われているが、小学校に入ったとたん、教科教育を通して発達の保障を行っていくこととなる。極端にいえば、遊びと生活が切り取られてしまい、子ども自身が就学前の保育の場から学校生活にスムーズに移っていくことができない。これが「小1プロブレム」である。また、子どもが小学校に入学すると、下校後から保護者の帰宅までの長時間を子どもが一人で過ごす状況となったり、放課後児童クラブの閉所時刻が保育所より早いなどの結果、これまで勤めてきた仕事を辞めざるを得なくなることが「小1の壁」である。このほかにも、3年生終了後に放課後児童クラブが利用できなくなり、家庭養育基盤の弱い子どもや自立に支援を必要とする子どもたちが支援を得にくくなる「小4の壁」も指摘されている。保護者から見た「小1、小4の壁」と子どもから見た「小1プロブレム」、この二つの問題の克服が必要とされているのである。

一方、放課後児童クラブの課題は山積している。具体的には、「設置箇所数の不足」「大規模化」「地域の安心・安全が損なわれつつある現状が、活動時間・内容において行動・自由の制限として作用していること」「実施場所、事業主体の多様化」「施設設備の課題として、一部屋しかない、静養室のない放課後児童クラブ」、さらには、「貧弱な職員体制と待遇」「利用児童の多様化への対応、特に障害のある子どもや家庭養育基盤の脆弱な児童の増加」「学校（教育）との連携不足」「保護者との協力関係の希薄化」等が指摘されている。狭隘なクラブ室での事故も報告されている。「不十分な財政支援と利用料助成」が、貧困家庭の子どもの利用を排除している現実もある。

＊57　子ども・子育て支援制度の呼称については、第1章の＊1を参照。

2　放課後児童クラブの課題への対応

こうした状況を受け、71人以上の放課後児童クラブ[58]の分割、放課後児童クラブガイドラインの策定（平成19年10月）等の改革が行われてきたが、財源不足や施策が開始されてからの歴史的経緯[59]もあり、十分な効果を上げているとは言い難いのが実情であった。なにより、需要の多さと設置箇所数の不足、劣悪な職場環境が、この問題の解決を遅らせていたのである。

放課後児童クラブの運営の充実を考える際、第一に、欠くことのできない「保障すべきいくつかの原理」を確認することが必要である。それは、「①切れ目のない支援」が何より必要であり、続いて、さまざまな養育基盤の弱い子どもたちがいるので、「②親子の絆の形成と紡ぎ直しをしていく専門職の関わり」が必要である。さらに、「③親子ともども多様な人との関わりの保障」が必要となることである。

第二に、学齢期の子どもの豊かな放課後生活を保障するために、子どもの社会生活の現状に対する正しい理解、特に小学校低学年期の子どもの発達特性に関する正しい理解と、それに基づく適切な配慮[60]が必要とされる。それには、発達支援の視点が必要である。

第三に、保護者や家庭を取り巻く社会や地域の現状を把握し、理解することが必要とされる。保護者の就労形態の多様化が進み、家庭の養育基盤・機能が弱体化する傾向がある。生活保護の受給割合も増えている。加えて、地域のつながりの希薄化等が進行し、地域の安心・安全が阻害されている現状も見られる。こうしたなかで、いわゆる「小1、小4の壁」問題が起こると、それが大きな生活課題として浮かび上がりやすくなる。これらのことは、放課後児童クラブの充実を考えるうえで、欠くことのできない視点といえる。

3　放課後児童クラブの充実のために

放課後児童クラブの充実のためには、以下の三つの視点に立った方策が必要とされる。

第一に、「量的・質的整備」が挙げられる。これまで政府は、平成22年1月に策定した子ども・子育てビジョンにおいても整備目標を定めていたが、それではなお不十分である。たとえば、少し前の計画であるが、平成20年2月の新待機児童ゼロ作戦においては小学校低学年児童の60％に保障するとしており、これによると、約2倍の数の放課後児童クラブの整備が必要な計算になる。そして、整備の際には、以下の三つの視点も必要とされる。すなわち、子どもの育ちの保障の資源、保護者の子育て支援の資源、地域再生の資源の、三つの視点である。養育基盤の不安定な子どもたちが一定割合存在することを考慮すると、ソーシャル

＊58　平成26年5月現在、71人以上のクラブは全体の7・6％であり、政府は71人以上のクラブに対する補助金の削減を行っているが、この割合は、都市部を中心にあまり減少していない。

＊59　放課後児童クラブは、歴史的には、昭和30年代初頭から母親の就労の増加に伴って、いわゆる「鍵っ子」が社会問題として取り上げられるようになり、自主運営や区市町村の単独補助による事業が全国的に広がっていった。昭和51年から、留守家庭児童対策や健全育成対策として厚生省による国庫補助が開始され、平成10年度から施行された改正児童福祉法によって、放課後児童健全育成事業として法定化された。こうした経緯もあって、放課後児童クラブの事業主体や運営は多様であり、画一的な改善は難しい状況にあった。

＊60　たとえば、小学校低学年から高学年にかけて大人の意味・比重が変化していくこと、保護者との垂直的な絆をもとにして友人との水平的な関係を通して社会性を学ぶ時期であること、特に低学年は好奇心や興味が安全意識に勝ってしまうことなどに対する配慮が必要とされる。

ワーク的な視点で整備を進めることが特に大事になってくる。

第二に、障害のある子どもの放課後生活を豊かにしていくという視点も欠かせない。平成24年4月に施行されたいわゆる障害者総合支援法・改正児童福祉法では、障害のある子どもの豊かな放課後生活を保障するための放課後等デイサービスや、保育所等訪問支援事業が施行されている。子ども・子育て支援制度における放課後児童クラブにおける障害児加算の増額のほか、保育所等訪問支援等の専門的支援の充実とともに、放課後等デイサービスの充実も大きな課題といえる。何より、子ども・子育て支援制度を後方支援する、専門的な障害児支援策の充実・強化が必要とされる。なお、放課後等デイサービスを充実させることが、放課後児童クラブから障害のある子どもを排除することにつながってしまっては本末転倒である。そのためには、放課後児童クラブ自体の障害児支援機能を強化しなければならないことは、言うまでもない。

第三に、学校教育との有機的連携の保障が求められる。学校にはさまざまな豊かな設備があり、スクールソーシャルワーカーやスクールカウンセラー、養護教諭等のさまざまな専門職が配置されているし、保健室もある。学校との緊密な連携の確保は、放課後児童クラブの喫緊の課題といってもよい。

4　子ども・子育て支援制度と放課後児童クラブの基準

子ども・子育て支援制度の創設に伴い、放課後児童健全育成事業は、子ども・子育て支援法第59条第1項第5号に規定する地域子ども・子育て支援事業として整理された。対象は小学生であり、小学校4年生以上も対象になることが明記された。市町村が地域のニーズ調査等に基づき実施する旨が法定化され、市町村子ども・子育て支援事業計画に量的整備等の基盤整備が規定されている。また、事業の質の確保を図るため、平成24年8月の児童福祉法一部改正により、放課後児童健全育成事業の設備及び運営に関する基準について、厚生労働省が定める省令基準を踏まえ、市町村が条例で定めることとされている。国の基準としては、職員の資格、員数、施設、開所日数・時間等について規定することとし、資格、員数等が従うべき基準として規定されている。さらに、利用手続きは市町村が定めることとし、市町村が利用のあっせん、調整を行うこととなる。

政府は平成25年5月に、社会保障審議会児童部会に、放課後児童クラブの基準に関する専門委員会（委員長は著者）を設置し、省令で定める設備及び運営に関する基準について審議のうえ、同年12月25日に報告書が公表された。これに基づいて、平成26年4月に省令が公布された。

この放課後児童健全育成事業の設備及び運営に関する基準（以下、設備運営基準）は、児童福祉施設の設備及び運営に関する基準に準拠しており、従うべき基準は、職員の配置基準と資格要件である。参酌基準である支援の単位（集団の規模）は、おおむね40人程度までとし、そこに、有資格者（設備運営基準の第10条第3項に示された9項目のいずれかに該当する者であって、知事が行う研修を修了した者）である放課後児童支援員を、2名以上配置することとしている。そのうち1名を除いて補助員を充てることができる。主な基準は、**図6-1**のとおりである。

5　放課後子ども総合プランと少子化社会対策大綱

放課後児童クラブは、設置数や登録児童数の増加が著しく（平成26年5月1日現在、2万2千84カ所、登録児童数約93・6万人）、量的にはまだまだ充足されていない。そのため71人以上の大規模なクラブも存在

○ 放課後児童クラブの質を確保する観点から，子ども・子育て関連３法による児童福祉法の改正により，放課後児童クラブの設備及び運営について，省令で定める基準を踏まえ，市町村が条例で基準を定めることとなった

○ このため，「社会保障審議会児童部会放課後児童クラブの基準に関する専門委員会」における議論を踏まえ，平成 26 年４月に「放課後児童健全育成事業の設備及び運営に関する基準」（平成 26 年厚生労働省令第 63 号）を策定・公布した

※職員のみ従うべき基準（他の事項は参酌すべき基準）

〈主な基準〉

支援の目的（参酌すべき基準）（第５条）

○ 支援は，留守家庭児童につき，家庭，地域等との連携の下，発達段階に応じた主体的な遊びや生活が可能となるよう，児童の自主性，社会性及び創造性の向上，基本的な生活習慣の確立等を図り，もって当該児童の健全な育成を図ることを目的として行わなければならない

職員（従うべき基準）（第 10 条）

○ 放課後児童支援員（※1）を，支援の単位ごとに２人以上配置（うち１人を除き，補助員の代替可）

※1 保育士，社会福祉士等（「児童の遊びを指導する者」の資格を基本）であって，都道府県知事が行う研修を修了した者（※2）

※2 平成 32 年３月 31 日までの間は，都道府県知事が行う研修を修了した者に，修了することを予定している者を含む

開所日数（参酌すべき基準）（第 18 条）

○ 原則１年につき 250 日以上

※ その地方における保護者の就労日数，授業の休業日等を考慮して，事業を行う者が定める

設備（参酌すべき基準）（第９条）

○ 専用区画（遊び・生活の場としての機能，静養するための機能を備えた部屋又はスペース）等を設置

○ 専用区画の面積は，児童１人につきおおむね 1.65 ㎡以上

児童の集団の規模（参酌すべき基準）（第 10 条）

○ 一の支援の単位を構成する児童の数（集団の規模）は，おおむね 40 人以下

開所時間（参酌すべき基準）（第 18 条）

○ 土，日，長期休業期間等（小学校の授業の休業日）
→ 原則１日につき８時間以上

○ 平日（小学校授業の休業日以外の日）
→ 原則１日につき３時間以上

※ その地方における保護者の労働時間，授業の終了時刻等を考慮して事業を行う者が定める

その他（参酌すべき基準）

○ 非常災害対策，児童を平等に取り扱う原則，虐待等の禁止，衛生管理等，運営規程，帳簿の整備，秘密保持等，苦情への対応，保護者との連絡，関係機関との連携，事故発生時の対応　　など

図 6-1　放課後児童クラブの設備運営基準について

（内閣府「すくすくジャパン　子ども・子育て支援新制度について（平成 27 年７月）」2015，p.88）

し、また、待機児童も平成26年度は９千９４５人いる。

これらの実情を受け、政府において、平成26年度から同30年度末を達成年度とする、５年間の「放課後子ども総合プラン」が閣議決定された。これは、５年間で放課後児童クラブ定員を新たに30万人分整備して１２０万人とすること、新規開設分の８割を小学校内実施とし、全小学校区で一体的にまたは連携して実施、うち１万カ所は一体型で設置することを目指すものである。その際には、放課後児童クラブで生活する子どもたちのウェル・ビーイングを確保することが最大の課題とされ、その基準の確保が必要とされる。

なお、この視点は平成27年３月閣議決定の少子化社会対策大綱にも引き継がれ、大綱では平成31年度末までに、１２２万人分の放課後児童クラブを整備するとしている。

６　放課後児童支援員の認定資格研修等

設備運営基準に基づき、放課後児童支援員（受講が義務化）、補助員（受講が推奨）の研修カリキュラムが定められ、平成27年度から放課後児童支援員の認定資格研修[*61]が開始されている。放課後児童支援員の認定資格研修カリキュラムは、６分野、16科目、24時間（１科目90分）である。６分野は、①放課後児童健全育成事業の理解（３科目）、②子どもの発達を理解するための基礎知識（４科目）、③放課後児童クラブにおける子どもの育成支援（３科目）、④放課後児童クラブにおける保護者・学校・地域との連携・協力（２科

＊61　平成27年５月21日付雇児発０５２１第19号厚生労働省雇用均等・児童家庭局長通知「職員の資質向上・人材確保等研修事業の実施について」に基づく事業である。

目）、⑤放課後児童クラブにおける安全・安心への対応（2科目）、⑥放課後児童支援員として求められる役割・機能（2科目）である。なお、補助員が受講することが期待される子育て支援員（放課後児童コース）は、14科目17時間（うち、8科目8時間が子育て支援員基本研修科目、6科目9時間が放課後児童コース科目）研修とされている。

7　放課後児童クラブ運営指針の策定と資質向上

設備運営基準第5条（放課後児童健全育成事業の一般原則）第1項において、放課後児童健全育成事業における支援の目的が規定された。すなわち、「放課後児童健全育成事業における支援は、小学校に就学している児童であって、その保護者が労働等により昼間家庭にいないものにつき、家庭、地域との連携の下、発達段階に応じた主体的な遊びや生活が可能となるよう、当該児童の自主性、社会性及び創造性の向上、基本的な生活習慣の確立等を図り、もって当該児童の健全な育成を図ることを目的として行われなければならない」と規定された。

この条文に基づき、放課後児童クラブにおける支援の充実を図るため、現行の放課後児童クラブガイドラインを見直し、国として設備及び運営に関するより具体的な内容を定めた放課後児童クラブ運営指針が、平成27年3月に通知された。第2節では、この運営指針の意義と内容等について解説する。

第2節　放課後児童クラブ運営指針の策定の背景と意義

1　放課後児童クラブ運営指針策定の経緯

放課後児童クラブについては、「放課後子ども総合プラン」に基づく量的な拡充が図られるなかで、質の確保・向上を図っていくことが必要であり、設備運営基準に沿った条例が各市町村において定められるとともに、放課後児童クラブの運営に関する具体的な内容については、改めて国として指針等で提示する必要があるとされた。さらに、放課後児童クラブには、対象児童の高学年への拡大、職員の質の確保、障害のある子どもの受け入れ体制の充実、安全対策の充実等、近年の状況変化等から改めて考慮すべき課題も山積している。これらの必要性を踏まえて、新たな指針の策定が必要とされた。

運営指針は、厚生労働省の委託研究事業により作られた「放課後児童クラブガイドラインの見直しに関する委員会（委員長は著者。事務局はみずほ情報総研株式会社。以下「委員会」）で原案作成が実施された。委員会は実践現場や行政の実務家や有識者11名で構成され、9月末から2月半ばまでの約5カ月で、これまでの国の基準やガイドラインと策定のための研究成果、自治体のガイドライン、全国団体の運営指針等を参考に、全国でほぼ合意されている範囲の内容を基本として、集中討論により作成した。

その後、政府においてパブリックコメントを実施し、その結果を踏まえて「内閣府子ども・子育て会議」への報告や「専門委員会」による検討を経て、「放課後児童クラブ運営指針」（以下「運営指針」）として発出された。

これまでのガイドラインは厚生労働省雇用均等・児童家庭局長通知であり、14項目、約2千400字で構成されるいわば技術的助言であった。今回作成された運営指針も局長通知で技術的助言であることには変わりがないが、保育所保育指針（約1万8千字）と同じ7章立て、文字数もほぼ同じ1万7千字強により策定されている。つまり、運営指針のモデルは、保育所保育指針や児童養護施設運営指針等児童福祉施設の運営指針である。

2　運営指針の意義と内容の特徴

策定された運営指針の実践的目的や意義は、以下の4点にまとめられる。すなわち、①多様な人材によって運営される放課後児童クラブ、放課後児童支援員としてのアイデンティティの共有化、②研修と連動させることにより、職員の資質向上に資するものとすること、③放課後児童クラブ運営の平準化、④放課後児童クラブの支援に関する社会に対しての説明責任（社会にひらくこと）、である。このほか放課後子供教室等、他の事業と一体的に実施する場合のよりどころともなると考えられる。

内容の特徴は、政府の作成した概要版[*62]も踏まえて整理すると、三つの視点と五つのポイントにまとめられる。三つの視点は、以下のとおりである。

(1)「最低基準」としてではなく、望ましい方向に導いていくための「全国的な標準仕様」として作成したこと。

(2) 放課後児童クラブが果たすべき役割を再確認し、その役割及び機能を適切に発揮できるよう，内容を規定したこと。

(3) 異なる専門性を有して従事している放課後児童支援員等が、子どもと関わる際の共通認識を得るために必要となる項目を充実させたこと。

また、内容の五つのポイントは，以下の点に整理することができる。

(1) 放課後児童クラブの特性である「子どもの健全な育成と遊び及び生活の支援」を「育成支援」と定義し、その育成支援の基本的な考え方等を、第1章総則に新たに記載したこと。

(2) 児童期の発達の特徴を三つの時期区分ごとに整理するとともに、子どもの発達過程を踏まえて、集団のなかでの子ども同士の関わりを大切にして育成支援を行う際の配慮すべき事項等を、第2章に新たに記載したこと。

(3) 放課後児童クラブにおける「育成支援」の具体的内容を、子どもの立場に立った観点から網羅的に記載するとともに、障害のある子どもや特に配慮を必要とする子どもへの対応については、受け入れにあたってのより具体的な考え方や留意点等も加味して、第3章に新たに記載したこと。

(4) 保護者との連携、協力関係の大切さ、学校や児童館、地域、関係機関等との連携等の必要性や、他の事業と連携して実施する場合の留意点等について、第3章、5章において詳しく記載したこと。

＊62　厚生労働省（2015）「放課後児童クラブ運営指針の概要」厚生労働省ホームページ。

(5) 運営主体が留意すべき点として、子どもや保護者の人権への配慮、個人情報や守秘義務の遵守及び事業内容の向上に関することなど、放課後児童クラブの社会的責任と職場倫理等について、第4章、第7章に新たに記載したこと。

今後は、この指針が、放課後児童支援員認定資格研修や補助員が受講を推奨される子育て支援員研修（放課後児童コース）、さらには現任研修等によって幅広く理解され、事業運営と職員の質向上に活用されることが望まれる。そのために、今後、運営指針の解説書等も作成されることが望まれる。なお、放課後児童クラブ運営指針の策定と同時期に、放課後等デイサービスガイドライン[*63]が通知として発出されていることも、両者のより良い関係と役割分担が可能となることにも期待したい。

3　運営指針の構成及び各章の概要

運営指針は、第1章から第7章までの構成で、放課後児童クラブにおける育成支援の内容や、運営に関する基本的な事項と留意すべき事項等を網羅的に定めている。各章の概要は、以下のとおりである（目次は**表6-1**のとおり）。

＊63　平成27年4月1日付障発０４０１第2号厚生労働省社会・援護局障害保健福祉部長通知「放課後等デイサービスガイドラインについて」。

表6-1　放課後児童クラブ運営指針の目次（平成27年3月31日付雇児発0331第34号厚生労働省雇用均等・児童家庭局長通知「放課後児童クラブ運営指針」の策定について」別紙，p.1）

第1章　総則
　1．趣旨
　2．放課後児童健全育成事業の役割
　3．放課後児童クラブにおける育成支援の基本
第2章　事業の対象となる子どもの発達
　1．子どもの発達と児童期
　2．児童期の発達の特徴
　3．児童期の発達過程と発達領域
　4．児童期の遊びと発達
　5．子どもの発達過程を踏まえた育成支援における配慮事項
第3章　放課後児童クラブにおける育成支援の内容
　1．育成支援の内容
　2．障害のある子どもへの対応
　3．特に配慮を必要とする子どもへの対応
　4．保護者との連携
　5．育成支援に含まれる職務内容と運営に関わる業務
第4章　放課後児童クラブの運営
　1．職員体制
　2．子ども集団の規模（支援の単位）
　3．開所時間及び開所日
　4．利用の開始等に関わる留意事項
　5．運営主体
　6．労働環境整備
　7．適正な会計管理及び情報公開
第5章　学校及び地域との関係
　1．学校との連携
　2．保育所、幼稚園等との連携
　3．地域、関係機関との連携
　4．学校、児童館を活用して実施する放課後児童クラブ
第6章　施設及び設備、衛生管理及び安全対策
　1．施設及び設備
　2．衛生管理及び安全対策
第7章　職場倫理及び事業内容の向上
　1．放課後児童クラブの社会的責任と職場倫理
　2．要望及び苦情への対応
　3．事業内容向上への取り組み

（1）「第1章　総則」
放課後児童クラブ運営指針の趣旨と育成支援の基本的な考え方を示し、全体像を理解できる内容を規定している。

（2）「第2章　事業の対象となる子どもの発達」
児童期（6〜12歳）の発達の特徴を三つの時期区分ごとに整理し、育成支援にあたって配慮すべき内容を規定している。

（3）「第3章　放課後児童クラブにおける育成支援の内容」
育成支援を行うにあたって子どもが主体的に過ごし、一人ひとりと集団全体の生活を豊かにしていくために必要となる育成支援の具体的な方法や、障害のある子どもなどに適切に対応していくために留意すべきこと、保護者との信頼関係の構築等の内容を規定している。

（4）「第4章　放課後児童クラブの運営」
設備運営基準に基づく職員体制や集団の規模等の、具体的な内容を規定している。

（5）「第5章　学校及び地域との連携」
連携にあたっての情報交換等の必要性や方法等の内容を規定している。

（6）「第6章　施設及び設備、衛生管理及び安全対策」
省令基準に基づく施設及び設備の環境整備と、感染症や事故等への対応方法等の、具体的な内容を規定している。

（7）「第7章　職場倫理及び事業内容の向上」
運営主体の責務と放課後児童支援員等の倫理意識の自覚、研修等の事業内容向上の取り組み内容を規定している。

4　運営指針の留意事項

(1) 運営指針策定にあたって留意した事項

放課後児童クラブ運営指針の作成にあたって、原案を作成した委員会[*64]が重視した考え方は、下記のとおりである。

(1) 放課後児童クラブの多様な実態を踏まえ、「最低基準」としてではなく、「望ましい方向に誘導していくための現実的な基準」という視点に立って作成した。

(2) 放課後児童クラブの特性である「子どもの健全な育成と遊び及び生活の支援」を、いかに担保するかということを重視した。

(3) 子どもの視点に立ち、子どもにとってどういう放課後生活が用意されなければならないかという観点から、放課後児童クラブが果たすべき事業役割や保障すべき機能を記述した。

(4) 子どもの発達過程、子どもの家庭生活等も考慮して、放課後児童支援員等が子どもとどのような視点で関わることが重要であるかを示すことを目指した。

＊64　放課後児童クラブガイドラインの見直しに関する委員会（みずほ情報総研株式会社設置）（2015）『放課後児童クラブガイドラインの見直しに向けた調査報告書』みずほ情報総研株式会社。

(5) 放課後児童クラブの運営主体が配慮すべき点として、子どもの人権への配慮、権利擁護、個人情報・守秘義務の遵守や、専門性の向上に関することなど、現場の放課後児童支援員等の取り組みや職業倫理に関することについても盛り込んだ。

(6) 放課後児童クラブにおける育成支援の内容に関わる主な事項については、設備運営基準等で定められている内容についても盛り込み、より丁寧に書き込んだ。

（2）運営指針で使用した用語について

運営指針で使用した用語については、以下のとおりとした。

(1) 放課後児童健全育成事業を行う職員は、「放課後児童支援員」（放課後児童健全育成事業の設備及び運営に関する基準第10条第1項とし、また、「補助員」を含む場合は、「放課後児童支援員等」とした。なお、「職員体制」等慣用として使われている用語はそれにならった。

(2) 「児童」については「子ども」で原則統一したが、個別名称や熟語（「児童期」等）についてはそのまま用いている。

(3) 放課後児童支援員が行う「子どもの健全な育成と遊び及び生活の支援」を総称して、「育成支援」と表現した。また、実際の場面では、〈見守る〉〈手助けする〉〈教える〉〈一緒に行動する（遊ぶ）〉等多様な側面が考えられるが、それらを示す言葉としては「援助」を用いた。なお、育成支援を含めた放課後児童健全育成事業の役割を表す言葉としては、「支援」を用いた。

(4) 放課後児童クラブに新たに登録して入る場合を「入室」、放課後児童クラブを辞めることを「退室」

と表現した。子どもが日々放課後児童クラブに来て帰る状況については、「来所（あるいは出席）」ならびに「帰宅（あるいは退席）」と表現した。

5　放課後児童クラブの今後のあり方をめぐって

放課後児童クラブの基準に関する専門委員会は、7回にわたって審議を続けてきた。そのなかでは、「子どもの最善の利益を保障するための質の確保、向上」と、もう一方で、「地域の実情に応じた多様性に対する配慮」の二つを両立させなければならなかった。高すぎる基準（質）を設定すれば切り捨てられるクラブが多くなるし、低すぎる基準を設定すれば基準としての意味がなくなり、質を向上させることにもつながらない。いわば、二つの谷の狭い尾根を歩くかのような作業であった。

また、財政負担者の意見をどうくみ取るかも大きな課題であった。放課後児童クラブの運営費は、全体の運営費の半分を保護者の利用料でまかない、残りを国、都道府県、市町村で3分の1ずつ負担することとなっている。また、国の負担分（つまり運営費全体の6分の1）は、事業主拠出金を財源としている。基準を高くすることは事業主（結果的に、質の向上分は、税により対応することとなった）や保護者の負担を大きくすることにつながる。このような非常に厳しい状況のなかで、この設備運営基準ができたのである。この基準はまだまだこれから高められていく必要があるが、そこで生活しなければならない子どもの視点を中心に、その生活を守り、安心・安全を確保する視点に立って、尾根を歩きながら作成されたということだけは忘れてはならないであろう。

そうはいっても、まだまだ義務教育や就学前教育・保育施設の基準に比べ、放課後児童クラブの基準は子どもの過ごす時間の長さにかんがみて、著しく低い。設備運営基準や運営指針の基準を活用して、今後、国・自治体、放課後児童クラブを行う事業主、放課後児童支援員等がそれぞれ事業内容を向上させる努力をすることにより、総体としての放課後児童健全育成事業の質の向上が図られていくことを、心から願いたい。

第７章

子ども・子育て支援制度と社会的養護

1　社会的養護とは

「すべての児童は、家庭で正しい愛情と知識と技術をもって育てられ、家庭に恵まれない児童には、これにかわる環境が与えられる」とは、児童憲章の言葉である。また、児童福祉法第２条は、「国及び地方公共団体は、児童の保護者とともに、児童を心身ともに健やかに育成する責任を負う」と規定している。さらに、子どもの権利条約第20条も、「一時的若しくは恒久的にその家庭環境を奪われた児童又は児童自身の最善の利益にかんがみその家庭環境にとどまることが認められない児童は、国が与える特別の保護及び援助を受ける権利を有する」と規定している。

言うまでもなく、子どもは、親の温かい愛情のもとで家庭生活を経験しつつ育っていくことが最も望ましいが、世の中には親のいない子どもたちや、たとえ親がいてもいろいろな事情、さらには不適切な養育、虐待等によって、共に暮らしていくことのできない子どもたちが大勢いる。また、ひとり親家庭など厳しい環境のなかに置かれている子どもたちもいる。こうした家庭環境を奪われた子どもや、厳しい家庭環境に置かれている子どもには、家庭に替わる、あるいは家庭全体を支援できる養育環境、さらには、不適切な家庭環境の下で子どもたちが被った心身の痛手をケアしていく環境が、用意されなければならない。このような目的のために社会が用意した養育環境の体系を、「社会的養護」と呼ぶ。

社会的養護の体系は国や文化によって大きく異なるが、わが国においては、里親、ファミリーホームといった子どもを家庭環境のなかで養育する家庭養護[*65]と、乳児院や児童養護施設等の児童福祉施設で養育されるいわゆる施設養護が、大きな2本柱となっている。施設養護は通常、大舎制、小舎制等と呼ばれる多様な運営形態がとられているが、基本的には集団生活、複数の職員による交代制勤務による生活が前提である。近年は、地域小規模児童養護施設やユニットケアが制度化され、なるべく地域のなかで、あるいは家庭的な環境で生活ができる、家庭的養護としての運営形態も工夫されつつある。

これに対し家庭養護は、原則として、夫婦等と継続的関係を保つ個別的養護を前提としている。家庭養護の代表的なものは里親制度である。平成21年度からは、5、6人の子どもを家庭的な環境で養育する小規模住居型児童養育事業（ファミリーホーム）が、第2種社会福祉事業として法定化されている。さらに、民法上の制度としては、要保護児童に恒久的な家庭を用意する特別養子縁組制度があり、これも社会的養護体系のなかに含めることができる。これらは、**図7-1**のように示すことができる。また、わが国の代表的な社会的養護の現状は、**図7-2**に示すとおりである。

わが国においては、社会的養護の下にある子どもたち（母子生活支援施設入所児童を含む）は約4・6万人であり、施設養護がその大半（約84％）を占めている。小規模グループケアや地域小規模児童養護施設は近年着実に増えているが、まだまだ少なく、しかも施設養護は現在、特に都市部を中心に満杯状態にある。

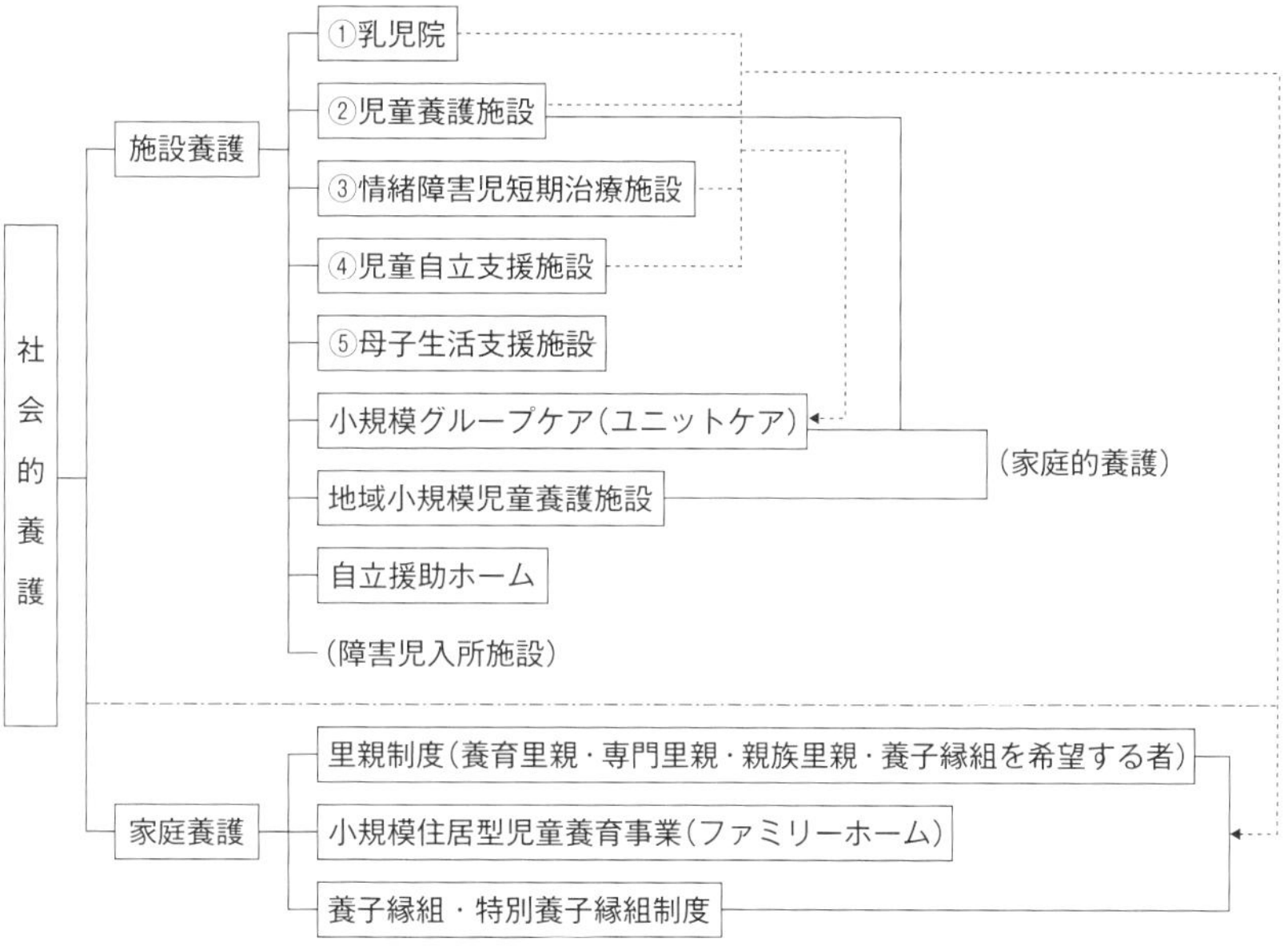

図 7-1　社会的養護の体系（厚生労働省資料をもとに著者作成）

子どもの権利条約[*66]第20条第3項においては、家庭環境に代わる代替措置として里親委託が最初に挙げられ、施設養護は「必要な場合には」とされ、限定された規定となっているにもかかわらず、わが国では施設養護が長らく中心となっている。

*65　家庭養護は里親、ファミリーホームを指し、家庭的養護は地域小規模施設やユニットケア等を指す。また、両者を含めて、家庭的養護と総称する。家庭的養護を拡充していくためには、家庭的養護のデメリットを克服するためのシステム、たとえば、レスパイトや専門的支援の充実等も、セットで進められていくことが必要である。

*66　1989年11月20日、国際連合が採択し、翌年9月から発効した子どもの権利に関する総合的な条約である。前文と54か条から成り、ユニセフのいう「生きる権利」「育つ権利」「守られる権利」「参加する権利」等、18歳未満の子どもが有する権利について包括的・網羅的に規定している。日本語訳の正式名称は「児童の権利に関する条約」である。

保護者のない児童，被虐待児など家庭環境上養護を必要とする児童などに対し，公的な責任として，社会的に養護を行う。対象児童は，約４万７千人。

里親	家庭における養育を里親に委託		登録里親数	委託里親数	委託児童数
			9,441 世帯	3,560 世帯	4,636 人
	区分（里親は重複登録有り）	養育里親	7,489 世帯	2,840 世帯	3,526 人
		専門里親	652 世帯	157 世帯	209 人
		養子縁組里親	2,706 世帯	223 世帯	227 人
		親族里親	477 世帯	460 世帯	674 人

ファミリーホーム	養育者の住居において家庭養護を行う（定員 5～6 名）
ホーム数	223 か所
委託児童数	993人

施設	乳児院	児童養護施設	情緒障害児短期治療施設	児童自立支援施設	母子生活支援施設	自立援助ホーム
対象児童	乳児（特に必要な場合は，幼児を含む）	保護者のない児童，虐待されている児童その他環境上養護を要する児童（特に必要な場合は，乳児を含む）	軽度の情緒障害を有する児童	不良行為をなし，又はなすおそれのある児童及び家庭環境その他の環境上の理由により生活指導等を要する児童	配偶者のない女子又はこれに準ずる事情のある女子及びその者の監護すべき児童	義務教育を終了した児童であって，児童養護施設等を退所した児童等
施設数	133 か所	601 か所	38 か所	58 か所	247 か所	118 か所
定員	3,872 人	33,579 人	1,779 人	3,791 人	4,936 世帯	789 人
現員	3,022 人	28,183 人	1,314 人	1,524 人	3,542 世帯 児童 5,843 人	440 人
職員総数	4,462 人	15,920 人	960 人	1,769 人	2,049 人	519 人

小規模グループケア	1,078か所
地域小規模児童養護施設	298か所

※里親数，FH ホーム数，委託児童数は福祉行政報告例（平成 26 年３月末現在）
※施設数，ホーム数（FH 除く），定員，現員，小規模グループケア，地域小規模児童養護施設のか所数は家庭福祉課調べ（平成 26 年 10 月１日現在）
※職員数（自立援助ホームを除く）は，社会福祉施設等調査報告（平成 24 年 10 月１日現在）
※自立援助ホーム職員数は家庭福祉課調べ（平成 26 年３月１日現在）
※児童自立支援施設は，国立２施設を含む

図 7-2　要保護児童の社会的養護の現状（厚生労働省「社会的養護の現状について」〈平成 27 年 7 月版〉，2015，p.1）

平成21年度からは、里親養育の拡充や小規模住居型児童養育事業（ファミリーホーム）等の制度化、自立支援の強化、被措置児童等虐待の防止等、社会的養護の拡充、改善も実施されている。しかしながら、後述するように、被虐待児童の増加とともに障害やトラウマを抱えた子どもたちも多くなっており、社会的養護における家庭的養護の推進や施設の専門機能強化は、もはや待ったなしの状況となっているといってよい。

2　子ども虐待防止制度

(1)　子ども虐待の実情

社会的養護の利用者の約半数は、被虐待児童である。児童虐待の防止等に関する法律によると、子ども虐待（法律上は「児童虐待」）には身体的虐待、性的虐待、保護の怠慢・拒否（ネグレクト）、心理的虐待の四つの類型がある。具体的な行為が虐待にあたるかどうかは、その頻度や状況にもよるので一概にはいえないが、子どもにとって有害であるかどうかが判断基準とされる。

子ども虐待の件数については、近年、増加が著しい様子が見てとれ、平成25年度は7万3千802件で、全国集計が開始された平成2年度の1千101件の約67倍となっている。このうち最も多いのは心理的虐待で全体の38・4％、続いて身体的虐待（32・9％）、ネグレクト（26・6％）、性的虐待（2・1％）と続く。平成25年度に初めて、心理的虐待件数が身体的虐待件数を上回った。心理的虐待の割合が高まっているのは、配偶者間暴力（DV）の目撃が子どもに対する心理的虐待とされ、警察等から児童相談所に通告されるようになってきていることによる。

子ども虐待により、子どもは大きな影響を被ることとなる。発育障害や認知的発達の障害のほか、そのトラウマ（心的外傷）ゆえに、対人関係や感情生活に大きな影響を被ることとなる。たとえば、感情コントロールの障害や、愛着形成の困難さ（愛着障害）、虐待的人間関係の再現傾向等が代表的である。一方、虐待してしまう親も多くの課題を抱え、また、自己の虐待行為によってさらに傷を深くしてしまう。親もまた、自分の人生を肯定したいと願っており、多くの援助を必要としていると考えられる。

（2）子ども虐待に対する制度的対応の概要

まず、学校や児童福祉施設、放課後児童クラブ等の団体ならびにそれらの職員には、子ども虐待の早期発見に努める義務が規定され、また、子ども虐待（その疑いも含む）を発見した者は誰でも、市町村、児童相談所等に通告する義務を負っている。現在では市町村が児童相談の第一次的窓口となっているが、緊急の場合や深刻な事例等は、児童相談所も直接受け付けている。平成27年7月から児童相談所全国共通ダイヤル[*67]が、これまでの10桁から3桁（189番――いちはやく）となり、より通告・相談しやすい体制づくりが進められている。

通告を受けた市町村、児童相談所は、速やか（原則として48時間以内）に安全確認や調査を行い、立入調査や一時保護、判定など専門的な対応が必要な場合には、市町村から児童相談所に送致のうえ、児童相談所が対応することとなる。児童相談所は必要に応じ、保護者に対する援助や子どもの児童福祉施設（乳児院や児童養護施設等）入所措置や、里親に対する委託（専門里親等[*68]）を行う。また、調査や援助に関する親権者の同意が得にくい場合等においては、立入調査（拒否した者には罰則がかかる）や、都道府県児童福祉審議会の意見聴取[*69]、家庭裁判所に対する施設入所承認の家事審判請求[*70]、親権者に対する親権喪失宣告の請求[*71]等も行われる。

平成20年度からは、①子ども虐待が疑われる場合の子どもの安全確認をめぐる、保護者に対する出頭要求、②立入調査や再出頭要求が拒否された場合に、子どもの保護を目的として、裁判所の許可状に基づき家庭に対する臨検・捜索を行う仕組みの制度化、③被虐待児童に対する保護者の面会・通信の制限の強化、④つきまといの禁止措置も実施されている。さらに、平成24年度からは、親権の一時停止制度*72も開始されている。また、施設入所後の親権者からの不当な要求に対応する施設長の対応強化や、未成年後見制度改正*73も施行されている。

市町村においては、自ら対応できる援助を行うほか、児童相談所から送致された事例や施設から帰省中な

---

*67　１８９番に電話を掛けると、管轄児童相談所に電話がつながる制度である。なお、従来からの０５７０（０６４）０００でもつながることとされている。

*68　虐待等により心身に有害な影響を受けた子どもを養育する里親。一定の経験や研修を経た後、都道府県から認定を受ける。被虐待児、障害児等の家庭養育が期待されている。

*69　子ども虐待の場合等、児童福祉施設入所に関し保護者の意向と児童相談所の判断とが一致しない場合、児童相談所長は援助の決定にあたって、都道府県児童福祉審議会の意見を聴かなければならないこととされている。

*70　子ども虐待の場合等において、親権者の意に反しても子どもの児童福祉施設入所が必要と判断される場合には、児童相談所長は、子どもの施設入所の承認に関する審判の請求を、家庭裁判所に対して申請することができる。

*71　子ども虐待の場合等において、親権者の親権を喪失させることが子どもの福祉にかなうと判断される場合には、児童相談所長は家庭裁判所に対して、親権者に対する親権喪失の宣告を行う審判の開始を請求することができる。

*72　2年を超えない範囲（更新が可能）で、親権者の親権を一時停止する審判を行う制度であり、都道府県知事（実際には児童相談所長）の審判請求により、家庭裁判所が決定する。

*73　これまで個人後見であった未成年後見に、法人後見制度を導入するものである。法人として後見人になることができ、また、後見人が複数の場合の権限行使のあり方についても、規定が行われた。

いしは家庭復帰した事例等について、要保護児童対策地域協議会[*74]を組織・活用してネットワークによる援助を進める。

虐待によって傷つけられた子どもたちには、専門的な治療的養育のほか、温かで一貫したケアの継続、子どもたちが自らの責任ではない事情で引き受けなければならなかった現在の境遇に対する納得や、親に対する感情の整理等の支援を行っていくことが必要とされている。

3　社会的養護の歴史的経緯

わが国の社会的養護は、聖徳太子の悲田院を嚆矢とし、現在まで施設を中心として展開している。平成27年3月現在、社会的養護関係施設は全国に約1千２００カ所（自立援助ホーム１１８カ所を含む）、そのうち乳児院が１３３、児童養護施設が６０１カ所である。里親は9千４００世帯、ファミリーホームが２２３カ所で、家庭養護委託率は16％程度である。家庭養護の割合の少なさは、国連子どもの権利委員会から再三にわたって勧告を受けている。

わが国における社会的養護を必要とする子どもたちのための政策は、第二次世界大戦後の昭和23年施行の児童福祉法により本格的に開始されることとなる。それまでは、政府としての施策は米などの現物給付が中心であったため、多くの孤児は教会や寺院、個人慈善家等の施設で生活をしていた。児童福祉法により孤児の養育を国家が保障（措置委託制度）することとなったが、国家が教会や寺院に税を投入することは当時のＧＨＱ（連合国軍最高司令官総司令部）により許可されず、昭和26年の社会福祉事業法制定により、社会福祉法人制度を創設することとなった。

教会や寺院、個人事業主は、原則としてその財産を社会福祉法人に寄付し、税制面の恩恵等を受けたうえで、施設を安定的に経営する道を選んだのである。法人を解散すると、その財産は国家に帰属することとなる。このことが施設の固定化と世襲制を生むこととなり、また、財源は国家（現在は国と都道府県の折半）から安定的に支給されることとなるため、このことが改革を阻む大きな要因となっている。

4　社会的養護の課題

前項のような状況により、社会的養護政策は抜本的改革へのインセンティヴ（意欲刺激）が働かず、漸増主義的前進が続いており、都道府県中心、措置制度中心といった基本システムは、法制定当時の体系をとどめている。その結果、時代の変容とともに施設の偏在や大舎制の固定化が進み、現在に至っている。具体的には、子ども虐待の増加とともに、特に都市部を中心にその供給不足が深刻となり、さらに、いまだ半数以上の子どもがいわゆる施設における大舎生活を送っている。生活の場所は、施設養護がその大半を占めている。また、供給量の地域格差が大きく、施設養護と家庭養護との地域格差も大きく開いている。

次に、近年、愛着の問題やこころの傷を抱えている子どもが多くなっている。さらに、虐待等による心理的・情緒的・行動的問題を有する子ども、疾患や障害を有する子どもも多くなっている。親権の一時停止制

＊74　児童福祉法により法定化されている協議会であり、要保護児童の早期発見や保護・支援を図るため、地域の関係機関等が情報や考え方を共有し、援助していくためのネットワークである。中心となる調整機関も定められ、また、参加機関には罰則付きの守秘義務も課せられる。現在では、要支援児童や特定妊婦も対象とされる。

度導入をはじめとする親権制度改正、児童福祉施設長と保護者の親権との関係調整に関する制度改正、被虐待児童の心のケア、施設の専門機能強化、家族関係調整支援、自立支援、専門職制度の再構築も大きな課題である。

特に、自立支援については、高等教育進学率の向上のための取り組みが強く求められている。進学費用の確保や進学中の生活支援のための措置延長、さらには退学や除籍防止のための丁寧なアフターケア等は、特に大きな課題である。また、児童相談所や施設職員の疲弊にも光を当てねばならない。さらに、社会的養護の実施主体が都道府県となっていることから、市町村の役割強化、社会的養護を地域にひらくことも大きな課題である。

5　社会的養護改革の動向

(1) 改革への一歩

改革の必要性の提起は12年前に始まった。社会保障審議会児童部会は、平成15年11月、子ども虐待防止や社会的養護サービスのあり方、児童相談所と都道府県・市町村の役割分担等に関する提言を取りまとめた、「児童虐待への対応等要保護児童及び要支援家庭に対する支援のあり方に関する当面の見直しの方向性について」と題する報告書を公表した。しかし、抜本的改革には財源の確保が必要とされ、本格的に改革が始まったのは、子ども家庭福祉制度全体を、改革と財源確保（消費増税）を同時に担保する社会保障・税一体改革、子ども・子育て支援制度の検討まで持ち越された。

12年前の提言を礎として、社会的養護改革は、平成22年末から23年当初にかけてのいわゆるタイガーマスク運動（孤児を題材とした漫画の主人公であるタイガーマスクを名乗る個人からの、社会的養護関係施設への寄付が全国的に広がったこと）を契機として、社会保障・税一体改革の一環としての新たな子ども・子育て制度創設の風に乗り、近年大きく展開した。

改革は、平成23年4月から順次、実施に移された。

第一に、家庭的養護、自立支援の推進のための運用改善が実施された。特に、平成23年度から発効した里親委託ガイドラインは、「里親委託優先の原則」を明確に打ち出し、まず里親委託を考えることを求める画期的な通知である。

第二に、後述する親権制度改正に伴い、児童福祉施設長の責任が重くなることを受け、社会的養護関係児童福祉施設長の資格基準の創設、研修の義務付けが実施された。

第三に、平成23年度末には、里親・ファミリーホーム及び児童養護施設等の、社会的養護施設それぞれの運営指針も通知として発出された。これらの指針に基づき、3年に一度の第三者評価の受審と結果の公表、それ以外の年の自己評価の実施が義務付けられた。

第四に、平成24年度からの児童福祉施設最低基準等の地方移譲への対応として、児童福祉施設の設備及び運営に関する基準等のかさ上げが実施された。最低基準の改善は久方ぶりの実施であった。

（2）改革の約束と方向

将来を見込んだ施策方針の策定としては、平成23年7月に社会保障審議会児童部会社会的養護専門委員会（委員長は著者）が、「社会的養護の課題と将来像」を策定した。この報告は、全世代型社会保障実現の一環として、今後子育てに一定規模の財源が充当されることを目指し、子ども・子育て支援制度の実現とともに社会的養護の充実を目指したものである。

報告書では、社会的養護の質・量の充実、家庭養護の拡充、施設養護における職員配置基準の充実や家庭的養護の拡充、自立支援の推進等が提言されている。特に、家庭養護を社会的養護全体の3分の1とし、施設養護の半分を地域小規模児童養護施設等のグループホーム、残りの半分をオールユニット化され、重装備化された本体施設とする構想は画期的である。家庭養護に関しては、ファミリーホーム設置数1千カ所も目標とされている。

本報告書を受け、社会的養護専門委員会はいわゆる「小規模化等の手引き[*75]」を作成している。また、厚生労働省は、平成24年11月30日付けで雇用均等・児童家庭局長通知「児童養護施設等の小規模化及び家庭的養護の推進について」、平成25年7月23日付で事務連絡「家庭的養護の推進に向けた「都道府県推進計画」の作業等について」を発出しており、施設の小規模化、地域化が計画的に進められることとなっている。通知では、この目標を15年かけて実現するため、5年を1期とする家庭的養護都道府県推進計画を平成26年度末までに策定することを求めている。これらに伴い、社会的養護関係施設は、子どもの養育・生活支援の充実と同時に、家庭養護の支援を図る機能を具備することが求められることとなる。平成26年度末には、「小規模化等の手引き」等をもとに、すべての都道府県において家庭的養護推進計画が策定されている。

なお、これらの改革は子どもに「あたりまえの生活」（社会的養護関係施設の運営指針）を保障しようとするものであり、子どもの権利条約や２００９（平成21）年に国連総会で採択された「児童の代替的養護に関する指針」の理念にも沿うものである。また、国連子どもの権利委員会からわが国に要請されている事項に応えることでもある。指針は、代替的養護を決定する場合にはあくまで家族を基本とし、施設養護を限定的にとどめている。家庭養護と施設養護とのパートナーシップが求められているのである。このような実情、社会の要請を受け、社会的養護の充実は急務とされ、国民に追加の税負担を求める今回の改革に結びついたといえるのである。

（3）社会的養護関係施設の運営改革

これらの動向と並行して、すでに、社会的養護関係施設長の資格要件規定と研修受講の義務化、自己評価・第三者評価の義務化、児童福祉施設の設備及び運営に関する基準のリニューアル、社会的養護関係施設等の運営指針の通知等も図られており、社会的養護を社会にひらく改革も進められている。社会的養護関係施設運営指針や第三者評価基準には、専門職の役割や業務等も明定され、自己評価、第三者評価とその結果公表が行われることとなっている。

さらに、子ども虐待防止・保護に資するため、民法改正（親権の一時停止制度、未成年後見制度導入等の親権制度改正）と児童福祉法改正（児童福祉施設長と保護者の親権との関係調整に関する制度改正）等を進める民法等の一部を改正する法律が、平成24年度から施行された。これらを円滑に進めるため、平成24年3月には、「施設長等による監護措置と親権者等との関係に関するガイドラインについて」の通知、児童相談所運営指針の改正通知も発出されている。

＊75　厚生労働省社会保障審議会児童部会社会的養護専門委員会（2012）『児童養護施設等の小規模化及び家庭的養護の推進のために』。

6　改革の実現に向けて――家庭的養護推進計画とその実現

平成25年8月6日には、子ども・子育て支援法に基づく基本指針（案）[*76]が内閣府により発出された。そのなかの「第三　子ども・子育て支援事業計画の作成に関する事項」の、「四　都道府県子ども・子育て支援事業支援計画の作成に関する基本的記載事項」の、「5　子どもに関する専門的な知識及び技術を要する支援に関する施策の実施に関する事項並びにその円滑な実施を図るために必要な市町村との連携に関する事項」「（二）社会的養護体制の充実」において、以下の点が示された。

なお、市町村計画の任意的記載事項においても、「2　子どもに関する専門的な知識及び技術を要する支援に関する都道府県が行う施策との連携に関する事項」の（3）において、「社会的養護施策との連携」に関する所要の規定がなされている。

(1)　家庭的養護の推進

ア　里親委託等の推進

イ　施設の小規模化及び地域分散化の推進

(2)　専門的ケアの充実及び人材の確保・育成

(3)　自立支援の充実

(4)　家庭支援及び地域支援の充実

(5)　子どもの権利擁護の推進

この基本指針や前述した家庭的養護推進計画の策定通知を受け、平成26年度末にはすべての都道府県において、家庭的養護推進計画を含む社会的養護の充実方策が策定された。今後は、その実現に向けて着実に実行する必要がある。

平成20年の次世代育成支援対策推進法改正において、都道府県行動計画に盛り込むべき事項として「保護を要する子どもの養育環境の整備」が加えられ、都道府県の目標を考慮した社会的養護の整備に関する数値目標が子ども・子育てビジョンに掲げられたことは、画期的なことであった。それを引き継ぐ政府の少子化社会対策大綱にも整備目標は掲げられており、地方自治体においても、子ども・子育て支援法に基づく都道府県子ども・子育て支援事業支援計画において、社会的養護は必須記載事項とされ、各都道府県における整備計画が平成27年度から実施に移されていくこととなる。

7　社会的養護運営の新たな理念

平成24年3月、社会的養護関係施設、里親・ファミリーホームの運営・養育の指針が、厚生労働省から通知された。社会的養護関係施設の種別ごとの運営指針の策定は、子どもの最善の利益保障のために提供される養育の平準化、社会的養護の社会化、支援・養育の質の向上を促すことなどを目的として実施された。施設間格差の是正を目指し、かつ、施設運営の透明性、説明責任の確保のため、施設種別ごとの運営指針の作

＊76　翌年に正式に告示として発出された基本指針の正式名称は、「教育・保育及び地域子ども・子育て支援事業の提供体制の整備及び子ども・子育て支援給付及び地域子ども・子育て支援事業の円滑な実施を確保するための基本的な指針」である。

成が必要とされたのである。

各施設運営指針の総論部分は、ほぼ共通するように策定されている。そのうえで、たとえば児童養護施設運営指針にあっては、施設運営指針の目的の後に社会的養護の基本理念として、①子どもの最善の利益のために、②すべての子どもを社会全体で育む、の2点が挙げられ、原理としては、①家庭的養護と個別化、②発達の保障と自立支援、③回復を目指した支援、④家族との連携・協働、⑤継続的支援と連携アプローチ、⑥ライフサイクルを見通した支援、の6点が掲げられている。その後、児童養護施設の役割と理念、対象児童、養育のあり方の基本、児童養護施設の将来像と続き、この後は第三者評価基準と連動した各論が続く。

平成24年度末には、社会的養護関係施設第三者評価事業評価調査者向けテキストが作成され、平成25年度末には、施設種別ごとの施設運営ハンドブックが作成されている。

8　社会的養護の養育論

これらに伴い、社会的養護の根源的な養育論の確立も、大事な今後の課題である。小規模ケアの方法論、家庭養護支援の方法論も確立しているとはいえない。家庭養護、家庭的養護はメリットも大きい半面、職員の配置基準の拡充が必要とされ、また、陥りやすいリスクもある。これらを見据えたケアの標準化が求められる。さらに、里親・ファミリーホーム養育指針、社会的養護関係施設運営指針、ハンドブックをさらに掘り下げ、社会的養護の運営論を確立させることが必要である。運営指針にも記述されているが、家族関係調整支援や自立支援、社会的養護の下で暮らす子どもたちに対する生い立ちの整理としてのライフ・ストーリー・ワーク（ＬＳＷ）、施設における性的問題や性教育等に対する研究や実践の充実も必要とされる。

アドミッションケア、インケア、リービングケア、アフターケアの各段階における支援のありようについて整理するとともに、ケアワークとソーシャルワークとが統合された、いわゆるレジデンシャルワークのあり方が整理されなければならない。子どもの年齢に応じた一貫した支援である縦糸としてのケアワークと、それぞれの過程において、幅広い関係機関との連携のなかで進められる横糸としてのソーシャルワークが織りなす、いわゆる面としての支援の体系化が必要とされている。

9　社会的養護実践の課題と克服に向けて

（1）社会的養護の質の改善

平成27年度政府予算においては、消費増税による増収額から、子ども・子育て支援の充実に５千１８９億円が確保され、消費税が10％になり税収が確保されたあかつきに追加投入される７千億円（国、地方分の合計額）の範囲で実施する「質の改善」項目は、すべて実施されることとなった。これは、市町村子ども・子育て支援事業計画の集計による量の見込みが、当初想定されたほどではなく、すべての「質の改善」項目を実施しても５千１８９億円で充足することによる。

社会的養護においても、子ども・子育て会議において約束された質の向上に相当する改善が、平成27年度予算からすべて実現することとなった。すなわち、①児童養護施設等の職員配置の改善、②小規模グループケア、地域小規模児童養護施設数の増（２０２９年度末までに全施設を小規模化し、本体施設、グループホーム、里親等を３分の１ずつにする）、③児童養護施設及び乳児院における里親支援専門相談員の配置の推進、④民間児童養護施設等の職員給与の増（平均３％）、の４点である。

職員配置の改善では、児童養護施設の場合、保育士と児童指導員を合わせた直接処遇職員の配置[*77]を、0、1歳児は子ども1・3人に対して職員1人、2歳児は2対1、3歳以上幼児は3対1、小学校以上4対1とする。乳児院では0、1歳児1・3人に対して職員1人、2歳児は2対1、3歳以上幼児は3対1、情緒障害児短期治療施設では3対1、心理療法担当職員が7対1、児童自立支援施設では3対1、心理療法担当職員が10対1、母子生活支援施設における母子支援員、少年指導員それぞれにつき、10世帯未満1人、10世帯以上2人、20世帯以上3人、30世帯以上4人である。なお、情緒障害児短期治療施設と児童自立支援施設以外の心理療法担当職員の加配その他の質の改善については、今後、残された3千億円強の追加投入財源が確保された段階で実施されることとなる。

（2）自立支援

社会的養護の下を巣立つ子どもたちの自立支援は、社会的養護の最大の課題といってもよい。現在、施設入所児童の高等教育進学は、まだ一般家庭児童に比し低率である。さらに中退率も高く、若年で社会に巣立つ子どもの職場への定着率も、十分でないのが現状である。

こうした子どもたちに対する施策として、児童養護施設におけるリービングケアとしての自立促進等事業、児童養護施設からの措置継続したままの就職、退所児童の自立定着指導、就職に失敗した子どもの一時保護等による就職斡旋、再措置等の施策、児童自立生活援助事業等がある。また、退所児童を支援する、ピア・グループ型のＮＰＯ等に対する支援事業（退所児童等アフターケア事業）も開始されている。

子どもの自立支援のため、大学進学等自立生活支援費、身元保証人確保対策事業、生活福祉資金の貸付、児童養護施設の退所者等の就業支援事業等も実施されているが、まだまだ不十分といわざるを得ず、自立支援策の充実は急務である。社会的養護関係施設措置は、必要がある場合は20歳まで延長が可能であり、高等教育進学など自立支援のための措置延長の活用が必要である。民間サイドでも、給付型奨学金の給付や、協同組合千葉県若人自立支援機構[＊78]のような協同組合型の支援等も行われているが、民間の自主的活動に頼るだけでなく政策として打ち出していくことが必要とされる。

なお、子ども期、社会的養護の終期である18～20歳の、施策の切れ目に対する制度改正も論議すべきである。子どもたちは18歳で多くは社会に出ることとなる。しかし、自立の条件の一つである民法上の契約は、20歳にならないと結べない。未成年後見人制度もあるが、身近に活用されているとは言い難い。選挙権を18歳からにする公職選挙法改正が成立しているが、民法の成人規定の引き下げを含め、子ども期から成人期への連続を保障する議論が必要とされる。

（3）家庭養護の推進

前述したように、現在の社会的養護における家庭養護率は16％弱である。少子化社会対策大綱によると、政府はこの割合を、平成31年度末には22％まで引き上げることとしている。そのためには、里親やファミリーホームといった家庭養護に対する支援を含め、さまざまなことを実施しなければならない。

＊77　実際には最低基準違反を回避するため、しばらくは、5対1、4・5対1、4対1の加算区分を設けて、段階的に配置を改善していくこととしている。

＊78　千葉県内の児童養護施設が出資して平成23年8月に協同組合を結成し、児童養護施設、自立援助ホーム入所児童であって自立を必要とする子どもに対して、自立資金の貸し付け、住宅の提供、教育的就業機会の提供、自立支援講座の開設等の事業を展開している。わが国初の試みであり、その後、栃木県においても開始されている。

①里親等委託率の改善に向けて

まず、里親委託ガイドラインに記された「里親委託（家庭養護）優先の原則」について、社会的養護関係者が合意し、その一点に向けてあらゆる方策を実施していくことが求められる。児童相談所の意識改革も必要とされる。まず家庭養護を措置委託先として考慮し、それが適当でない場合に施設入所を考える、という視点が必要とされる。近年の家庭養護割合の増加率の大きい自治体に学ぶことが必要とされる。また、全国里親委託等推進委員会が平成25年に報告している、『里親等委託率アップの取り組み報告書』にも学ぶべきである。

②家庭養護の質の向上と家庭養護支援

続いて、家庭養護の質の向上、ならびに家庭養護に対する支援体制の整備が重要とされる。里親養育の質の向上についてはすでに、里親及びファミリーホーム養育指針、里親・ファミリーホーム養育ハンドブックの発刊があり、平成26年には里親信条の改訂も行われた。ファミリーホームの実態調査や事例集の発刊も続いている。特にファミリーホームは、制度発足から5年が過ぎたことを受け、制度や運営そのものの見直しに向けた検討も求められる。

第二に、登録里親確保の課題については、広報啓発の一環として、類似事業（子育て援助活動支援事業、一時預かり事業等）の支援者に対する理解を求める活動も必要とされる。これらについては、市町村に対する啓発が有効である。

第三に、里親委託をはばむ要因の一つとされている実親の同意の問題については、子どもの愛着形成その他子どもの最善の利益のために、人生早期からの愛着対象が必要なこと、それは後に実親が引き取ることとなったとしても有効に働くことなどをしっかりと告げて、実親の理解を促す努力が必要である。

第四に、里親支援の強化が必要である。平成25年度の、全国里親委託等推進委員会による「里親支援専門相談員及び里親支援機関の活動、里親サロン活動に関する調査報告」等の先駆的事例に学び、里親支援の活性化を図っていくことが必要とされる。また、それに続く26年度報告書に記載されている「委託推進のための基盤づくりの先駆的な取組」では、特に、孤立化防止、訪問支援を行うために里親に登録前から関わっていることが望ましいことが提示されており、また、サロン、研修等について有効に活用していくことが必要とされる。また、地域子ども・子育て支援事業による里親支援も必要である。

第五に、実施体制、実施方針の問題として、里親支援機関や里親会の強化も、基盤整備として必要である。都道府県に設置されている里親委託等推進委員会の活性化や、里親委託等推進員（主に児童相談所）、里親支援専門相談員（乳児院及び児童養護施設）の配置促進と活動マニュアルの策定、児童家庭支援センターによる里親支援、市町村との連携の強化等が必要とされる。里親支援専門相談員の業務として、まず、自らが所属する施設の措置児童の里親委託を図ることが期待されている。そうした取り組みにインセンティヴが働く仕組みが必要とされる。それが、家庭養護委託率を増やしていくことにつながるのである。

（4）質の改善を実践に生かすために

政策レベルにおける質の改善も、子どもたちの生活の質の改善に結びつかなければ意味がない。そのためには、実践上の課題が克服されていかねばならない。「社会的養護の課題と将来像」の実現に向けた、これからの社会的養護実践における大きな課題は、以下の4点である。

(1) 家庭的養護促進のためのケア論の確立
(2) 家庭養護（里親、ファミリーホーム）支援のあり方に関する実践の集積（いくつかのモデルの提示等）
(3) 施設の本体機能の高次化と家庭養護、家庭的養護に対する専門的支援の充実
(4) 人材の確保・養成（待遇の向上を含む）

今後、これらの課題克服に向けた実践や研究が求められる。そして、最終的には、社会的養護の基礎構造と、他の子ども家庭福祉の基礎構造との乖離の解消が必要とされることが指摘されてきた。子ども家庭福祉の基礎構造の一元化が社会的養護を社会にひらき、インクルーシヴな社会の実現に近づく方法といえるのではないだろうか。

平成26年度から27年度にかけて児童虐待防止のあり方について検討を進めている、社会保障審議会児童部会児童虐待防止対策のあり方に関する専門委員会は、平成26年11月及び平成27年5月に、これまでの議論の取りまとめを報告し、以下の10点について提言を行っている。

(1) 妊娠期からの切れ目のない支援のあり方について
(2) 初期対応の迅速化や的確な対応のための、関係機関の連携強化について
(3) 要保護児童対策地域協議会の機能強化について
(4) 児童相談所が虐待通告や子育ての悩み相談に対して、的確に対応できる体制整備について
(5) 緊急時における安全確認、安全確保の迅速な実施について

(6)　児童の安全確保を最優先した一時保護の実施について
(7)　親子関係再構築のための取り組みについて
(8)　措置児童の確実な自立につなげていくため、施設、里親等に養育されている間に必要な取り組みについて
(9)　退所者の円滑な自立のための居場所づくりの取り組みと工夫について
(10)　その他

いずれもこれまで指摘されてきた課題が中心であるが、何より、地道で着実な施策の推進が求められているのであろう。

第８章　子ども・子育て支援制度と障害児支援

1　障害児童福祉の動向

障害児者福祉の動向については、まず、国際的動向では２００６（平成18）年12月に、国際連合において「障害者の権利に関する条約」が採択されている。これは、障害のある人の基本的人権を促進・保護すること、固有の尊厳の尊重を促進することを目的とする国際的原則であり、わが国は平成19年９月に署名し、国内法制との整合性を図ったうえで平成26年１月に批准している。

障害児童福祉サービスに関しては、平成17年の障害者自立支援法の成立及び児童福祉法改正により、障害児福祉関係サービス利用のあり方が、平成18年10月から在宅サービスは自立支援給付制度、施設入所は契約による施設給付制度と、措置制度の二本立てとなった。

平成23年には障害者基本法の一部改正が行われた。また、同年８月には、障害者総合福祉法（仮称）の制定を目指した骨格提言がなされた。これを受け、平成24年政府は、地域社会における共生の実現に向けて新たな障害保健福祉施策を講ずるための関係法律の整備に関する法律案を国会に提出し、６月に成立・公布された。本法の施行に伴い、障害者自立支援法は、障害者の日常生活及び社会生活を総合的に支援するための法律（障害者総合支援法）に、その名称を変更した。本法には、障害に一定の難病を含むこととし、平成25年４月に施行された。

平成27年度からは、同法に基づく第４期障害福祉計画も開始されている。同計画の基本指針[*79]では、障害児支援サービスの量の見込みと確保方策の記載が努力義務化されており、次期児童福祉法改正時には、義務化すべきことも提言されている。

なお、その間、平成22年12月には、障がい者制度改革推進本部等における検討を踏まえて障害保健福祉施策を見直すまでの間において障害者等の地域生活を支援するための関係法律の整備に関する法律[*80]が制定・公布され、平成24年４月から施行されている。

この法律は、障害児支援の中心法律を児童福祉法とすることを基本としており、また、障害児童の地域生活支援を大きく進める障害児童福祉の大改正をもたらした。なお、平成23年には障害者虐待の防止、障害者の養護者に対する支援等に関する法律も制定・公布され、平成24年10月から施行されている。

＊79　正式名称は、「障害福祉サービス及び相談支援並びに市町村及び都道府県の地域生活支援事業の提供体制の整備並びに自立支援給付及び地域生活支援事業の円滑な実施を確保するための基本的な指針」である。

＊80　この法律における児童福祉法改正関係では、各種障害児関係施設の一元化、児童発達支援、医療型児童発達支援、放課後等デイサービス及び保育所等訪問支援といった在宅サービス・施設を充実する、障害児の通園施設通所サービスの実施主体を市町村とする、入所施設の一元化サービスの利用にあたってケアマネジメントの前置を制度化する、などの改正が規定されている。平成24年４月から施行されている。

さらに、平成26年5月には、難病の患者に対する医療等に関する法律が成立し、あわせて児童福祉法改正により小児慢性特定疾病対策の充実も図られ、難病児童医療福祉対策が位置付けられることとなった。このように障害・難病児童福祉施策は現在、大きな転換の途上にある。

2　新しい障害者福祉の理念

障害者総合支援法は、第1条の2において、障害児者福祉の基本理念を以下のように規定している。今後の、障害児童福祉の観点からも重要な理念であり、ここに全文を記載しておく。

この法律の基本理念を、障害者及び障害児が日常生活又は社会生活を営むための支援は、すべての国民が、障害の有無にかかわらず、等しく基本的人権を共有するかけがえのない個人として尊重されるものであるとの理念にのっとり、すべての国民が、障害の有無によって分け隔てられることなく、相互に人格と個性を尊重し合いながら共生する社会を実現するため、すべての障害者及び障害児が可能な限りその身近な場所において必要な日常生活又は社会生活を営むための支援を受けられることにより社会参加の機会が確保されること及びどこでだれと生活するかについての選択の機会が確保され、地域社会において他の人々と共生することを妨げられないこと並びに障害者及び障害児にとって日常生活又は社会生活を営む上で障壁となるような社会における事物、制度、慣行、観念その他一切のものの除去に資することを旨として、総合的かつ計画的に行わなければならないこととするものとすること」（障害者総合支援法第1条の2）

また、障害児支援の理念は、わが国が平成6年に締結した、児童の権利に関する条約（「子どもの権利条約」）の理念に行きつくこととなる。条約は、子どもの最善の利益保障を最大の理念としつつも、子どもも主体的に自分の人生を精一杯生きようとしている主体的な存在であるという、権利行使の主体としての子ども観を鮮明に打ち出している。ユニセフ（ＵＮＩＣＥＦ　国際連合児童基金）は本条約が定める権利を、生きる権利、育つ権利、守られる権利、参加する権利の4種に整理している。

さらに、わが国が平成26年に締結した障害者の権利に関する条約（「障害者権利条約」）も、その第7条（障害のある児童[*81]）において、子どもの権利条約の趣旨を引き継ぐとともに、意見を表明するために支援を提供される権利を有することを言明している。

そのことは、障害者の権利条約第2条の「合理的配慮[*82]」や、平成23年8月の障害者基本法改正、平成25年

---

*81　国際連合が採択した障害者の権利に関する条約第7条（障害のある児童）は、以下のとおりである（政府訳）。
1　締約国は、障害のある児童が他の児童との平等を基礎として全ての人権及び基本的自由を完全に享有することを確保するための全ての必要な措置をとる。
2　障害のある児童に関する全ての措置をとるに当たっては、児童の最善の利益が主として考慮されるものとする。
3　締約国は、障害のある児童が、自己に影響を及ぼす全ての事項について自由に自己の意見を表明する権利並びにこの権利を実現するための障害及び年齢に適した支援を提供される権利を有することを確保する。この場合において、障害のある児童の意見は、他の児童との平等を基礎として、その児童の年齢及び成熟度に従って相応に考慮されるものとする。

*82　障害者権利条約は、合理的配慮について以下のように定義している（政府訳）。
「合理的配慮」とは、障害者が他の者との平等を基礎として全ての人権及び基本的自由を享有し、又は行使することを確保するための必要かつ適当な変更及び調整であって、特定の場合において必要とされるものであり、かつ、均衡を失した又は過度の負担を課さないものをいう。

6月の「障害を理由とする差別の解消の推進に関する法律」の理念につながることとなる。障害者基本法では、「社会的障壁の除去は、それを必要としている障害者が現に存し、かつ、その実施に伴う負担が過重でないときは、その実施について必要かつ合理的な配慮がなされなければならない」と定められ、さらに、障害を理由とする差別の解消の推進に関する法律に基づく基本方針が定められた。

さらに、障害者基本法第17条（療育）は、「国及び地方公共団体は、障害者である子どもが可能な限りその身近な場所において療育その他これに関連する支援を受けられるよう必要な施策を講じなければならない」と定め、身近な場所における療育、ならびに家族・きょうだい支援等が講じられるべきことを規定している。

なお、障害者虐待を防止する法律である「障害者虐待の防止、障害者の養護者に対する支援等に関する法律」も施行されている。このように、障害児支援の理念は、地域生活支援や権利擁護を主眼とする地域社会への包容・参加（インクルージョン）[*83]とされているといえる。

3　障害児童福祉の課題

一方、障害児支援制度は、近年、成人との整合化が重視された改革により、子ども一般施策との融合が求められつつも狭義の子ども家庭福祉との乖離が続いている。平成24年度からの改正児童福祉法施行により、新制度に一歩先んじる形で、児童発達支援センター・事業の制度化とサービス決定権限の市町村移譲、保育所等訪問支援、放課後等デイサービスなど、障害児童を地域生活のなかで支援する法改正が実施された。発達障害も「障害」に含むことが明確化された。

障害児童に固有のサービスの利用には、障害児相談支援事業所によるいわゆるケアプラン（障害児支援利用計画）の作成が前置とされ、障害児支援に適切に対応できる相談支援専門員の養成も急務である。障害児入所施設も改革された。なお、サービスの充実度についてはサービスごとに温度差が見られている。

また、子ども一般施策においては、平成27年度から子ども・子育て支援制度が創設された。制度を審議していた内閣府子ども・子育て会議では、子ども・子育て支援制度における障害児の受け入れも議論になり、また、後述するように、障害児支援の充実や障害児童に固有のサービスも創設された。利用者支援事業も創設されている。

今後、障害児支援制度と子ども・子育て支援制度との間の整合性の確保、均衡ある発展や、障害児相談支援事業と利用者支援事業とのワンストップを目指した緊密な連携、両事業の専門職である（障害児）相談支援専門員と利用者支援専門員との連携強化が求められる。また、子ども・子育て支援制度の給付における障害児の利用を支援するため、障害児固有のサービス機関がバックアップできる体制の整備が求められる。

なお、障害児童に固有の施策は、平成27年度から創設されている子ども・子育て支援制度[＊84]に深く関連する

＊83　地域社会への包容・参加とは、地域社会において、すべての人が孤立したり排除されたりしないよう援護し、社会の構成員として包み支え合うことである。障害者権利条約第19条は、「この条約の締約国は、全ての障害者が他の者と平等の選択の機会をもって地域社会で生活する平等の権利を有することを認めるものとし、障害者が、この権利を完全に享受し、並びに地域社会に完全に包容され、及び参加すること（full inclusion and participation in the community）を容易にするための効果的かつ適当な措置をとる」としている。

＊84　子ども・子育て支援制度の呼称については、第1章の＊1のとおりである。なお、障害児支援については、障害者福祉制度中の障害者施設等給付制度と、子ども家庭福祉制度中の子ども・子育て支援制度の両方で運営されていくこととなり、その舞台は異なっている。

が、消費税財源を追加投入する分野とはされておらず、子ども・子育て支援制度とは舞台が異なっている。このことにより、障害児に固有のサービスが充実するほど、子ども一般施策における障害児童の受け入れが少なくなる可能性も指摘されており、今後の動静を見極めていくことも必要とされる。

こうした動向を踏まえつつ、さらに、平成27年度の報酬単価改定や、平成28年度のいわゆる障害者総合支援法・児童福祉法の見直しに向けた検討に資するため、平成26年３月に厚生労働省障害保健福祉部長のもとに「障害児支援の在り方に関する検討会」が設置されて精力的な検討を行い、７月に報告書を提出した。今後は、この報告書に基づく障害児支援施策の充実と子ども・子育て支援制度の検討とが、整合性をもって進められていくことが必要とされる。

４　障害児支援制度と深く関連する子ども・子育て支援制度創設の概要

（１）就学前保育・子育て支援事業改革の概要

子ども家庭福祉制度のなかに位置付けられる子ども・子育て支援制度は、子ども・子育て支援法等に基づいて運営される制度であり、高齢者福祉制度に位置付けられる介護保険制度、障害者福祉制度に位置付けられる障害者施設等給付制度と、ほぼ同様の位置付けになる。その概要は以下のとおりである。

まず、子育てに関するさまざまな社会資源をできる限り一元化された仕組みにまとめ、各自治体が作成する市町村子ども子育て支援事業計画、都道府県子ども・子育て支援事業支援計画に基づいて、各種の給付、事業を行う。この財源には、消費税等の財源が追加投入される。平成27年度における追加投入額は、国、地方合わせて約５千１００億円強であり、現在の約２兆円強から見ると２割以上の増加となる。

誕生後に給付される子ども・子育て支援給付として、子どものための現金給付と子どものための教育・保育給付があり、子どものための教育・保育給付は、施設型給付と地域型保育給付とに分けられる。施設型給付の対象となる教育・保育施設には、幼保連携型認定こども園、保育所、幼稚園、認定こども園があり、地域型保育給付の対象となる事業には、小規模保育事業、家庭的保育事業、居宅訪問型保育事業、事業所内保育事業がある。

また、地域子ども・子育て支援事業（子ども・子育て支援法第59条）として、利用者支援事業、延長保育事業、実費徴収にかかる補足給付を行う事業、多様な主体の参入促進・能力活用事業、放課後児童健全育成事業、子育て短期支援事業、乳児家庭全戸訪問事業、養育支援訪問事業・子どもを守る地域ネットワーク機能強化事業、地域子育て支援拠点事業、一時預かり事業、病児保育事業、子育て援助活動支援事業（ファミリー・サポート・センター事業）、妊婦健康診査、の13事業が事業として用意される。このなかには、障害児支援に関する事業も一部含まれる。

教育・保育施設や地域型保育事業については、認可基準を満たしていれば原則として認可する制度とし、運営基準等に基づいて市町村が確認することにより、施設型給付や地域型保育給付による財政支援の対象とする制度として量的拡大を図る。利用方法については、幼保連携型認定こども園、認定こども園、新たな仕組みに移る幼稚園ならびに地域型保育給付については、いわゆる保育の必要性の認定（教育標準時間認定、保育短時間認定、保育標準時間認定）に基づく保護者に対する個人給付とし、法定代理受領方式とする。市町村の関与のもと保護者が自ら施設を選択し、保護者が施設と契約する公的契約が原則となる。保育所は保育の実施義務が継続するため、市町村が保育所に委託する現行制度のまま、個人給付分が委託費として事業主に補助される。なお、幼保連携型認定こども園は、認定こども園法に基づく幼児期の新たな学校であり、かつ、児童福祉法に基づく児童福祉施設である。

また、子ども・子育て支援制度においては、各種サービスの調整、利用者支援等を行う利用者支援事業も創設されており、障害児相談支援事業と密接に連携がなされることにより、障害児支援サービスの適切な利用支援が求められてくることとなる。

（2）子ども・子育て支援制度による障害児支援サービスの創設

子ども・子育て支援制度においても、一般施策において障害児童の受け入れが図られるとともに、障害児に固有の専門サービスが制度化されている。具体的には、特定教育・保育施設における障害児の優先利用や入所の応諾義務の規定、障害児保育（一般財源化分）や療育支援加算、地域型保育給付における障害児保育、放課後児童健全育成事業における障害児受け入れ加算の充実等の人員等の加算が行われている。また、居宅訪問型保育事業における障害児の受け入れ加算や、同事業ならびに一時預かり事業、延長保育事業における障害児の利用を念頭に置いた事業類型の創設等が行われている。

なお、障害児童に固有の専門施策としては、平成27年度から児童発達支援事業所等と保育所等との連携強化を図る障害報酬改定（関係機関連携加算）が実施され、保育所等訪問支援事業についても加算が行われている。

（3）社会的養護改革の概要

社会的養護においては、平成23年7月に、社会保障審議会児童部会社会的養護専門委員会によって、「社会的養護の課題と将来像」が策定されている。報告書では、社会的養護の質・量の充実、家庭養護の拡充、施設養護における職員配置基準の充実や家庭的養護の拡充、自立支援の推進等が提言されている。特に、家庭養護を社会的養護全体の3分の1とし、施設養護の半分を地域小規模施設等のグループホーム、残りの半分をオールユニット化され、重装備化された本体施設とする構想は画期的である。政府は平成24年11月末日に、この目標を15年かけて実現するため、5年を1期とする家庭的養護都道府県推進計画を平成26年度末までに策定することを求める通知を出している。

子ども・子育て支援制度創設に伴って社会的養護の充実が図られることとなり、児童養護施設等社会的養護関係施設の職員配置基準が、大幅にアップすることとなった。たとえば、児童養護施設における小学生以上児を養護する児童指導員・保育士の配置基準は、平成27年度から5・5対1が4対1となる。このほか、家庭養護を推進する里親支援専門相談員等も施設に配置されるようになる。

5　子ども・子育て支援法に基づく基本指針と、障害者総合支援法に基づく基本指針における、障害児支援記載事項

障害児支援については子ども・子育て支援制度の直接対象分野とはされていないが、市町村子ども・子育て支援事業計画や、都道府県子ども・子育て支援事業支援計画に記載すべき内容としては、子ども・育て支援法に基づく基本指針[*85]に、①利用者支援——子ども・子育て支援における利用者支援[*86]と障害児相談支援との連携の強化、②障害児支援に固有の専門的支援の強化、③保育所等訪問支援による地域生活支援の強化、④障害児入所施設の小規模化・地域化、専門機能強化、の4項目が挙げられている。

また、前述した障害者総合支援法に基づく基本指針においては、都道府県、市町村が策定する第4次障害

福祉計画における記載事項として、障害児支援のための計画的な基盤整備として、①児童発達支援センター及び障害児入所施設を中核とした地域支援体制の整備、②子育て支援にかかる施策との連携、③教育との連携、④特別な支援が必要な障害児に対する支援体制の整備、⑤障害児通所支援及び障害児入所支援の一体的な方針策定、の5点が挙げられ、障害児通所支援や障害児相談支援、障害児入所支援等については、利用児童数及び量の見込みを設定することが努力義務として規定されている。この両計画が、平成26年度中に全国都道府県、市町村において策定されている。

6　障害児支援のあり方に関する検討会報告書の概要

こうした動向のなか、今後の障害児支援のあり方を検討するため、平成26年3月に障害児支援のあり方に関する検討会（座長は著者）が設置され、7月に報告書を提出している。検討会が設置された背景は、①平成27年度から創設される子ども・子育て支援制度と障害児支援制度との整合性の確保、②平成27年度の報酬単価改定、③平成28年度のいわゆる障害者総合支援法・児童福祉法の見直しに向けた検討に資するため、の3点である。検討会はステークホルダーや研究者19人で、10回の議論を行った。その間、22団体からヒアリング（そのうち3団体は事務局が実施）を行い、障害児支援に固有の課題について議論を行った。「今後の障害児支援の在り方について――「発達支援」が必要な子どもの支援はどうあるべきか」と題する報告書は、報告書本体部分が31頁、参考資料が27頁で、全体で58頁の大作である。

検討会の下敷きとしては、平成20年7月に提出された障害児支援の見直しに関する検討会（座長は著者）があり、その後の動向を踏まえた検討を行い、今後の改革の方向性を提示している。報告書本体の内容は大きく、問題認識、障害児支援サービスの現状評価、平成20年度以後の障害児支援制度の新たな動向、基本理念、基本方向、各論としての提言、計画的進展、の7点から成っている。

（1）問題認識、障害児支援サービスの現状評価と新たな動向

問題認識は「はじめに」部分に触れられている。すなわち、①障害児の地域社会への包容・参加（インクルージョン）をいかに進めるか、②一般的な子育て支援施策を含めたより総合的な形で支援を進めること、③そのため、障害児支援を、子ども一般施策における障害児の受け入れをバックアップする、いわゆる後方支援[*87]と位置付けること、④ライフステージに応じて、切れ目のない支援と各段階に応じた関係者の連携（縦横連携）を充実させること、⑤丁寧かつ早い段階での保護者支援・家族支援を充実させること、の5点である。なお、報告書においては「発達支援」の用語を、「障害のある子ども（またはその可能性のある子ども）の発達上の課題を達成させていくことの他、家族支援、地域支援を包含した概念」として用いている。

続いて障害児支援の類型ごとの利用の現状が述べられるが、児童発達支援や放課後等デイサービスなど、

＊85　正式名称は、「教育・保育及び地域子ども・子育て支援事業の提供体制の整備及び子ども・子育て支援給付及び地域子ども・子育て支援事業の円滑な実施を確保するための基本的な指針」である。

＊86　利用者支援事業には、地域子育て支援拠点等における利用者支援・相談援助を中心とする基本型、自治体窓口等における利用支援・利用調整を中心とする特定型、妊娠期から出産までの切れ目ない支援を中心とする母子保健型の3類型がある。

＊87　障害児に固有のサービスが充実すればするほど障害児童の囲い込みが進んで、健常児とのあたりまえの生活が阻害される可能性があることにかんがみ、あえて後方支援という用語を象徴的に用いることで、障害児が健常児と同じ社会に包容されることが究極の目的であることを強調することとした。

事業者が子どもを自らの場で支援するサービスに比し、保育所等訪問支援や障害児相談支援など、関係機関との連携が必要なサービスの遅れが目立つ状況なっている。まさにこの点が、本報告書のキー概念である「縦横連携」と「後方支援」をもたらす大きな課題と認識されている。

近年の動向としては、①障害者権利条約の批准及び国内法令の整備、②子ども・子育て支援法の制定、③学校教育法施行令の改定、④第4次障害福祉計画の基本指針告示、⑤その他の動向が挙げられている。

（2）基本理念と基本方向

基本理念については、①地域社会への包容・参加（インクルージョン）の推進と合理的配慮、②障害児の地域社会への包容・参加を子育て支援において推進するための、後方支援としての専門的役割の発揮、③障害児本人の最善の利益の保障、④家族支援の重視、の4点が挙げられている。4点目の家族支援においては、①保護者の子どもの育ちを支える力の向上（ペアレント・トレーニング、カウンセリング、短期入所等）、②きょうだい支援、③保護者のウェルビーイングの支援（育児と就労の両立支援等）、の3点が挙げられている。

また、基本方向はグランドデザインとして提示され、①ライフステージに応じた切れ目のない支援（縦の連携）、②保健、医療、福祉、教育、就労支援等とも連携した地域支援体制の確立（横の連携）、③支援者の専門性の向上、専門職の確保、④障害児相談支援の推進（全体を「つなぐ」人を確保する）、⑤支援にかかる情報の共有化（関係者が連携を進めるためのツールの充実）、⑥障害児入所施設の入所児支援のための児童相談所等との連携、の6点が挙げられている。

（3）今後の障害児支援が進むべき方向（提言）

提言は、①地域における「縦横連携」を進めるための体制づくり、②「縦横連携」によるライフステージごとの個別の支援の充実、③継続的な医療支援等が必要な障害児のための医療・福祉の連携、④家族支援の充実、⑤個々のサービスの質のさらなる確保、の５分野にわたって計20の具体的提言が提示されている（**表8-1**参照）。詳細は報告書をご参照いただきたい。そのうえで、最後に、子ども・子育て支援及び障害児支援の計画的進展のための関連部門の連携の必要性が語られて、報告書が結ばれる。

これらの提言はあくまで方向性を示すものであり、今後、提言に基づき、報酬改定や法改正のための実質的な議論が進められていくこととなる。特に、児童発達支援センターについては、当該施設を中心とした重層的な支援体制を確立するため、保育所等訪問支援や障害児相談支援を実施すべきことが提言されている。その他、たとえば、保育所等訪問支援の報酬改定等いくつかの報酬改定上の提言が盛り込まれている。

さらに、放課後等デイサービス等の障害児支援に関するガイドラインの策定も重要な提言である。特に放課後等デイサービスは、行われている支援の質に大きな開きのあることが指摘されており、早急なガイドライン策定が求められていた。厚生労働省は提言を受け、２０１４（平成26）年10月から、障害児通所支援に関するガイドライン策定検討会を設置して検討を開始している。平成27年４月には、放課後等デイサービスガイドラインも通知されている。

ほかにも、障害福祉計画における障害児支援記載義務の法定化や、「縦横連携」充実のための具体策、福祉型障害児入所施設におけるケアの小規模化と地域分散化に向けた具体策の取りまとめ等も、重要なテーマであり、随時取り組んでいくことが求められる。

表 8-1　今後の障害児支援が進むべき方向（提言）（障害児支援の在り方に関する検討会報告書，2014）

（1）地域における「縦横連携」を進めるための体制づくり

①　児童発達支援センター等を中心とした地域支援の推進
②　入所施設の機能の活用
③　障害児相談支援の役割と拡充の方向性
④　支援者の専門性を活かすための協働・連携の推進
⑤　地域内の関係者の連携を進めるための枠組みの強化
⑥　行政主体間の連携・市町村の関与のさらなる強化等

（2）「縦横連携」によるライフステージごとの個別の支援の充実

①　保育、母子保健等と連携した保護者の「気づき」の段階からの乳幼児期の障害児支援
②　教育支援委員会等と連携した小学校入学前の障害児の支援
③　学校等と連携した学齢期の障害児の支援
④　就労支援等と連携した上での学校卒業後を見据えた支援

（3）継続的な医療支援等が必要な障害児のための医療・福祉の連携

①　発達障害児への対応のための支援者のスキルアップ等
②　重症心身障害児者等に係る在宅医療等との連携

（4）家族支援の充実

①　保護者の「子どもの育ちを支える力」の向上
②　精神面でのケア、カウンセリング等の支援
③　保護者等の行うケアを一時的に代行する支援の充実
④　保護者の就労のための支援
⑤　家族の活動の活性化と障害児の「きょうだい支援」

（5）個々のサービスの質のさらなる確保

①　一元化を踏まえた職員配置、専門職の確保等
②　入所施設の生活環境の改善等
③　障害児の利用する障害福祉サービス等の拡充・適用拡大に向けた検討

（4）報告書を受けて

検討会報告書を受けて、平成27年度からの障害児支援の報酬単価が定められた。障害者施設等給付制度全体の報酬単価が据え置かれるなかで十分な成果があったとはいえないが、それでも、検討会報告書の提言のいくつかが実現している。

続いて、提言に沿い、前述のとおり厚生労働省に障害児通所支援に関するガイドライン策定検討会が設置されて、放課後等デイサービスから順次、ガイドライン策定が進められていることも歓迎したい。さらに、障害児通所支援に関する全国業界団体であるCDSJapanが、「発達支援の指針」を策定し、共通理解を進めようとしている取り組みにも敬意を表したい。なお、平成28年度のいわゆる障害者総合支援法、児童福祉法改正に向けての政府における検討も、厚生労働省社会保障審議会障害者部会において始まっていることも付記しておきたい。

平成27年は、社会福祉基礎構造改革が実施されて15年の節目の年である。平成12年に介護保険制度が誕生し、その5年後の平成17年に障害者自立支援法が誕生した。介護保険法が施行された平成12年には、いわゆるソーシャル・インクルージョン（social inclusion　社会的包摂）社会を目指すという政府の報告書[*88]も公表されている。そして、障害者自立支援法制定から10年後に、子ども・子育て支援法が施行されたのである。障害児支援施策は、この流れのただなかにあるのである。

＊88　報告書の正式名称は、「社会的な援護を要する人々に対する社会福祉のあり方に関する検討会」報告書（2000）である。

7　難病児童に対する医療福祉サービス

小児慢性特定疾病等、長期にわたる入院、療養生活を余儀なくされている子どもや家庭に対する福祉サービスの創設も、大きな課題である。小児慢性特定疾病治療研究事業は、平成17年の児童福祉法改正により法定化され、医療費の公費負担や保健所による療育指導、手帳の交付、ショートステイ等のサービスが実施されていた。しかし、まだまだ子どもや家庭の負担は計り知れない。

これに対応するため、児童福祉法改正により、平成27年1月から、小児慢性特定疾病の患者に対するこれまでの医療費助成に消費税を充てることができるようにし、小児慢性特定疾病医療費助成として充実されている。また、小児慢性特定疾病児童等自立支援事業を法定化することにより、相談支援、情報提供、レスパイト、相互交流支援、就労支援、家族支援等の事業を安定的に実施できるようにした。さらに国は、小児慢性特定疾病児童日常生活用具給付事業や、小児慢性特定疾病の治療研究や指定医の育成等も実施している。

なお、児童福祉法改正により平成25年度から、障害児の定義に一定の難病が加えられて、障害児童支援サービスの利用が可能となっている。また、改正児童福祉法と同時に平成27年1月から施行された、難病の患者に対する医療等に関する法律の施行により、基本方針の策定、調査及び研究の推進、療養生活環境整備事業の実施等の充実が図られていくこととなっている。

8　今後の障害児支援施策のあり方

障害児童福祉改革の今後の方向としては、在宅福祉サービスをめぐっては、ワンストップサービスの制度化が最も必要とされる。また、障害児入所施設支援における市町村の役割強化、施設入所の場合の指定障害児相談支援事業所の関与、専門里親、ファミリーホームの活用や施設の小規模化、ユニット化の推進、入所施設における自立支援計画策定の義務化、障害児相談に対応できる職員の養成、家族支援・きょうだい支援の充実、要保護児童対策地域協議会と地域自立支援協議会の連携等を、具体化していくことが必要である。障害を有する夫婦の子どもに対する支援サービスや子育て支援も、重要である。

これからの障害児支援の基本は、子どもたちにあたりまえの生活を保障することにある。そのためには、地域生活支援が最も必要とされる。地域の身近なところで一般児童とともに生活を営むことができ、また、専門的な療育支援が受けられるような社会にしていかなければならない。また、家庭環境を奪われた子どもたちには、代替的環境としてまず家庭養護を提供し、それが困難な場合にはそれに近い環境が用意されなければならない。本体施設は重装備化し、子どもの治療的支援や里親・ファミリーホームを支援する。厚生労働省の社会的養護専門委員会が将来像として、家庭養護、地域小規模養護、本体施設養護を概ね3分の1ずつにするという提言を打ち出したのは、そうした社会の実現を念頭に置いているためである。障害児童福祉も例外ではない。

こうした点を踏まえると、今後の障害児支援施策は、以下の四つの次元で充実されなければならない。

(1) 子ども・子育て支援制度における障害児支援の充実（合理的配慮を含む）
(2) 子ども・子育て支援制度から障害児固有の支援サービスへのつなぎの充実
(3) 子ども・子育て支援制度の各施策に対する、障害児支援施策による後方支援の充実
(4) 障害児に固有の支援施策の充実

障害児支援の在り方に関する検討会報告書では、障害児支援の役割を、あえて「後方支援」という用語に凝縮させた。これは、障害児支援は、福祉施策としてどのような社会をつくることを目指そうとするのか、という「社会観」についての投げかけを行うものであった。私たちは、障害児支援によってどのような社会を目指そうとするのか、それを踏まえた論議がなされ、施策が推進されていくことが必要とされる。こうした点を踏まえて、あえて、障害児支援固有のサービスは、子どもに普遍的なサービス体系である子ども・子育て支援制度を後方支援できるようにしていくことが必要と、位置付けられたのである。

そのためには、障害児支援施策における専門的な支援の充実を図る必要がある。そのうえで、これを支える基礎構造の充実が必要である。特に、都道府県と市町村の二元化行政を解消し、インクルーシヴな実施体制を実現すること、人材の確保・養成、消費税財源の追加投入等による財政支援の充実、の3点が重要である。障害児支援サービスの充実によって目指されるべき社会は、社会的排除のない世界、ソーシャル・インクルージョン（social inclusion 社会的包摂）を目指す社会と考える必要がある。

第9章

子ども・子育て支援制度の意義と今後の課題

1　子ども・子育て支援制度創設の経緯

（1）介護保険法施行と社会福祉法の制定

子ども・子育て支援制度創設に至る制度改革の経緯として最も重要なのは、平成12年度の介護保険法施行ならびに同年の「社会福祉の増進のための社会福祉事業法の一部を改正する法律」、いわゆる社会福祉法の制定・公布である。

平成2年の「老人福祉法等の一部を改正する法律」、いわゆる福祉8法改正によっても在宅サービス、施設サービスの拡充が図れないままに〝介護地獄〟が続き、このままでは来る高齢化社会を乗り切れないと判断した政府は、介護保険制度を創設するとともに、社会福祉の価値観を根本から変える社会福祉法を制定した。

本法により社会福祉事業法は社会福祉法となり、措置制度から利用契約制度へサービスを提供する主体の多元化といった、利用者を主体とするサービス提供体制への転換が図られた。また、それに伴う利用者の権利擁護の仕組みとして、情報の提供、苦情解決の仕組みや第三者評価の仕組み等が導入された。

この社会福祉法制定に代表されるいわゆる社会福祉基礎構造改革は、「社会連帯」[*89]をその理念とし、また、サービスの主導権を利用者に委ねることによって、福祉実践に内在する価値を顕在化し強化することとなった。それは、必然的に、社会福祉のミッション（使命）への注目を導き出すこととなる。これまで、措置制度のもとで潜在化していた施設長や援助者の福祉観、人間観等が浮かび上がってくることとなったのである。

その結果、社会福祉基礎構造改革は、サービスの担い手である社会福祉法人や社会福祉施設の社会的使命の重要性を、引き出すこととなる。つまり、サービスの先駆性、公益性、継続性・安定性の確保と、民間としての自律性、さらには、制度の谷間の福祉問題に果敢に取り組む姿勢や、福祉社会づくりに対する寄与が、求められてくることとなったのである。このことは、近年の社会福祉法人の地域公益活動強化に対する社会的要請[*90]と、結びついていくこととなる。

一方、子ども家庭福祉・保育[*91]分野においては、平成12年の児童福祉法改正において、障害児の在宅福祉サービス分野がいわゆる支援費制度に変更され、母子生活支援施設、助産施設の利用のあり方が行政との委託契約方式となったが、措置制度や市町村と都道府県の二元行政は温存される結果となった。いわば、子ども家庭福祉の固有性が優先されたのである。

その後の子ども家庭福祉・保育についていえば、平成2年のいわゆる福祉8法改正以来、平成12年の社会福祉基礎構造改革を経て、高齢者福祉や障害者福祉がたどってきた分権化とプライバタイゼーションの動向に対し、子ども家庭福祉は基礎構造をほとんど変更しないまま、その時々の社会的動向に合わせた微修正を行ってきたにとどまる。その意味では、今回の子ども・子育て支援制度は、良かれ悪しかれ、子ども家庭福祉・保育分野における改革のいわゆる周回遅れを取り戻す政策として位置付けられているのである。ただし、子ども家庭福祉・保育の固有性が整理されない限り、新制度は子ども家庭福祉・保育関係者の理解を得られにくいものとなる。いずれにせよ、この社会福祉基礎構造改革に込められた理念が、今後の子ども家庭福祉・保育の改革につながっていくこととなるのである。

（2）「社会的な援護を要する人々に対する社会福祉のあり方に関する検討会」報告書（平成12年）

社会福祉法の施行と同時期に検討が進められていた、厚生労働省の「社会的な援護を要する人々に対する社会福祉のあり方に関する検討会」報告書（平成12年12月）も、重要な背景として指摘しておかねばならな

＊89　社会福祉基礎構造改革について（中間まとめ）（1998）は、「これからの社会福祉の目的は、従来のような限られた者の保護・救済にとどまらず、国民全体を対象として、このような問題が発生した場合に社会連帯の考え方に立った支援を行い、個人が人としての尊厳をもって、家庭や地域の中で、障害の有無や年齢にかかわらず、その人らしい安心のある生活が送れるよう自立を支援することにある」と述べ、「社会連帯」の考え方をその理念としている。なお、その後の「追加意見」にも同様の記述が見られる。「個人の責任に帰することのできない事柄を社会全体で包み支え合う」ことをいう。また、林（2014, p.30）は社会連帯を、「社会を構成する個々の人々に対する『人間としての責任』を強調する道徳的行動原理である」としている。

＊90　平成27年4月、社会福祉法人が社会福祉事業及び公益事業を行うにあたって、無料または低額な料金で福祉サービスを提供することを責務として規定する、社会福祉法等の一部を改正する法律案が国会に提出された。

＊91　子ども家庭福祉分野は、福祉分野における改革という本書のテーマからすれば「子ども家庭福祉」とすべきであるが、子ども・子育て支援制度は幼児期の教育（これは「保育」と総称される）を包含する制度であるため、ここでは、子ども家庭福祉に固有の事項を除き、原則として「子ども家庭福祉・保育」の用語を用いる。

い。報告書は、イギリスやフランスで注目が集まっている政策目標である、いわゆるソーシャル・インクルージョン（social inclusion　社会的包摂）のわが国における適用等について論じている点で、画期的な報告書である。

ソーシャル・インクルージョンとは、もともと１９８０年代に、イギリスやフランスで起きた移民労働者や少数民族への排斥運動が発端となっている。住民票がない、貧困、障害等、複数の問題を抱え社会的に排除される人がいる状況に対して、社会の構成員として包み支え合う多様な社会を目指そうと、１９９０年代から政策運動が広がった。

わが国では、本検討会において、「包み支え合う（ソーシャル・インクルージョン）ための社会福祉を模索する必要がある」と、新しい社会福祉の考え方が示された。従来は、戦後の混乱した社会を背景に社会福祉が構築されてきたが、現代ではストレス等を含めた「心身の障害・不安」、外国籍等の「社会的排除や摩擦」、虐待等の「社会的孤立や孤独」など、問題が重複・複合化しており、これらの問題が社会的孤立や排除のなかで表面化しないよう、複眼的な取り組みの必要性を指摘している。そのうえで、地域社会のつながりの強化等が求められたのである。

報告書では、公的社会福祉制度が充実しても、そこにつながらない社会的援護を要する人々が存在することを背景に、人間の関係性を重視して人々の「つながり」の構築を目指すことを意図している。つまり、「社会連帯」の視点からの報告書であるといってよい。本報告書は実態論からのアプローチをとって検討した報告書であるが、いわゆるソーシャル・インクルージョンや社会連帯に注目した政府の報告書として、非常に重要な位置付けを持つものである。その後も、地域福祉関係では、この理念に基づく報告書の公表や施策の推進[*92]が続いている。

子ども家庭福祉・保育制度においても、その後、平成22年1月の子ども・子育てビジョンにおいて言及され、平成26年施行の子どもの貧困対策の推進に関する法律、平成27年度施行の生活困窮者自立支援法につながっていくこととなる。また、子ども・子育て支援制度創設においても切れ目のない支援の必要性が提起され、所管や制度を再編成した包括的・一元的な制度を目指すことを前提とするなど、ソーシャル・インクルージョンの理念を根底に据えた制度として、定着させていかなければならない。

（3）報告書「社会連帯による次世代育成支援に向けて」（平成15年）

こうした動向のなか、まもなく第3次ベビーブームを迎え待機児童問題が本格化することを受け、厚生労働省に平成15年に設置された次世代育成支援施策の在り方に関する研究会が8月に提出した報告書は、子ども・子育て支援制度の先駆けとなるものであった。

報告書は、「社会連帯による子どもと子育て家庭の育成・自立支援」を基本理念として、新たな「次世代育成支援システム」の構築を図るものであった。いわば、保育サービス整備への介護保険モデルの援用を提言するものといってよい。すなわち、具体的には、近年の保育所利用者の普遍化、介護等周辺分野における改革の動向を踏まえ、「市町村が自らあるいは委託という形態で行う現行の仕組みを見直し、子の育ちに関する市町村の責任・役割をきちんと確保しつつ、保護者と保育所が直接向き合うような関係を基本とする仕

＊92　たとえば、これからの地域福祉の在り方に関する研究会（2008）による報告書『地域における「新たな支えあい」を求めて――住民と行政の協働による新しい福祉』や、それに基づく地域の取り組みであり、民間と行政の協働を目指す「安心生活創造事業」の創設等がある。

組みを検討する」ことを提案している。

また、現行システムの見直しにあたっては、市町村が引き続き負うべき責任・役割として、保育の供給体制の整備やその質の向上を図るとともに、保育所利用の必要性や優先度の判断等に関する新たな仕組み（要保育認定）を導入し、その実施にあたることが必要であるとしている。現行の市町村委託方式に代えて、市町村の公的責任を、①基盤整備と、②要保育認定という新たな形で再編成し、そのうえで、利用者と保育所とが当事者として直接向き合う仕組みを目指すこととしたのである。市町村の責任・役割を確保しつつ、保護者と保育所とが当事者意識を共有して「共に育てる」仕組みの創設を提言しているのである。

また、財源としても、「現在、給付ごとにおのおの異なっている子育て支援施策の財源構成について、効率化を図りつつ全体的に抜本的な強化を図る観点から、財源の統合を検討すべき」とし、その費用負担についても、「社会連帯の理念に基づき、「共助」の視点から、すべての国民が分担していくことを基本とする仕組みが考えられる」としている。まさに、社会連帯の視点に基づく提言であり、現行の子ども・子育て支援制度の原型をここに見ることができるのである。

著者も本研究会委員として報告書作成に携わったが、この報告書は全国の保育関係者に大きな論議を呼び起こすこととなった。しかしながら、いくつかの事情により、実現までにはしばらくの時間を要することとなったのである。また、この時期にはいわゆる育児保険（仮称）構想論議も活発化したが実現は図られず、税財源を活用できる消費税率アップ時点に創設されることとなったと考えられる。

（4）子ども・子育て支援システム検討と国会修正

子ども・子育て支援制度の本格的検討は、平成19年12月、政府において将来的な少子化対策を検討していた「子どもと家族を応援する日本」重点戦略検討会議が出した取りまとめである、『「子どもと家族を応援する日本」重点戦略』に基づき、厚生労働省社会保障審議会に少子化対策特別部会が設置（平成19年12月）されたことに端を発する。前述の報告書から4年以上の期間が経過してからの、本格的検討開始であった。

少子化対策特別部会では、介護保険制度導入に尽力した官僚たちが事務局を担い、制度検討とステークホルダー間の利害調整（保育第一専門委員会、保育第二専門委員会における検討等）を精力的に進めていくこととなる。ただ、平成21年9月に民主党政権が誕生したこともあり、それまで詳細な議論が続けられていた特別部会の議論は、平成21年12月に事務局取りまとめである「議論のまとめ」で終わりを告げる。

民主党政権は、先の少子化対策特別部会を引き継ぐ形で平成22年1月に「子ども・子育て新システム検討会議[*93]」を立ち上げ、6月には、少子化社会対策会議において「子ども・子育て新システム基本制度案要綱」を決定する。その後、舞台を内閣府に移した子ども・子育て新システム検討会議作業グループに、ステークホルダーが参画する基本制度ワーキングチーム、幼保一体化ワーキングチーム、こども指針（仮称）ワーキングチームが平成22年9月から順次開催され、平成24年2月の子ども・子育て新システムに関する基本制度取りまとめに至るのである。

取りまとめをもとに策定された、子ども・子育て支援法案、総合こども園法案、子ども・子育て支援法及び総合こども園法の施行に伴う関係法律の整備等に関する法律案の3法案が国会に提出されたのは平成24年

＊93　大臣、副大臣、政務官を中心とするいわゆる政府内の政治家による会議であり、外部委員は構成メンバーとはなっていない組織である。このもとに、ワーキンググループが設置され、そこにはステークホルダーや研究者等が構成員として参画した。

3月であり、6月に民主党、自民党、公明党の3党合意による大幅修正が行われ、8月に子ども・子育て支援関連3法が成立・公布されたのである。その後は、子ども・子育て支援法に基づいて、制度の詳細検討の舞台を内閣府・子ども・子育て会議等に移し、前述のとおり検討が進められてきた。

なお、3党合意に基づく修正の主な事項は、以下のとおりである。

(1) 総合こども園を新しい幼保連携型認定こども園として総合こども園法案を廃止し、いわゆる認定こども園法改正案として対処する。
(2) 幼保連携型認定こども園の設置主体を、国、地方公共団体、学校法人、社会福祉法人に限定する。
(3) 既存の幼稚園、保育所からの幼保連携型認定こども園への移行は義務付けない。
(4) 認定こども園、幼稚園、保育所を通じた共通の給付や小規模保育等への給付を創設し、共通の財政支援の仕組みを創設する。
(5) 指定制に替えて認可制度改革と、運営基準等に基づく市町村の確認制度を導入する。
(6) 利用者支援事業を創設する。
(7) 小規模保育事業等を市町村認可事業とする。
(8) 児童福祉法第24条等について、保育所における保育については市町村が保育の実施義務を引き続き担うこととする。

以上が、子ども・子育て支援制度創設に至る背景と経緯である。

2　子ども・子育て支援制度の意義

(1)　子ども・子育て支援制度創設の背景と経緯

ここで、子ども・子育て支援制度創設の背景と経緯をまとめてみる。本制度の淵源は、平成12年の介護保険法施行ならびに社会福祉法の制定・施行、すなわち社会福祉基礎構造改革にさかのぼることができる。その年、高齢者福祉制度において介護保険制度が創設された。また、障害者福祉制度において支援費制度が始まり、それは平成17年の障害者自立支援法に基づく障害者施設給付等制度につながった。

子ども家庭福祉・保育においてはその10年後、紆余曲折を経て、平成27年度から子ども家庭福祉・保育制度の一環として、子ども・子育て支援制度が創設されたのである。これで、高齢者福祉、障害者福祉、子ども家庭福祉・保育の3分野それぞれに、狭義の公的福祉制度と利用者主権を重視する給付制度との併存システムが実現したことになる。

子ども・子育て支援制度は、いわゆる社会づくり政策としての福祉改革と、人づくり政策としての教育改革の結節による所産である。この制度の背景は、①待機児童対策、②地域の子どもを親の事情で分断しない、親の生活状況が変化しても同じ施設に通えること、③幼児期の教育の振興、3歳以上の子どもに学校教育を保障、④全世代型社会保障の実現、の4点といえる。

(2)　包括的で一元的な体制づくり

さらに、これまで各章において見てきたとおり、子ども・子育て支援制度の創設ならびに近接領域におけるそれぞれの改革のキーワードは、「親と子のウェルビーイング」（保育・子育て支援）、「あたりまえの生活（家庭〈的〉養護と地域化）」（社会的養護）、「地域生活支援」（障害児童福祉）、「豊かな放課後生活の保障と生きる力の育成」（児童健全育成）である。すなわち、ウェルビーイング、子どもの最善の利益、あたりまえの暮らしの三つを保障することが通底する理念といえる。この実現のためには、子ども家庭福祉・保育の基礎構造改革が必要とされる。子ども家庭福祉・保育の今後の方向は、分野ごとの分断を解消し、包括的でインクルーシヴな基礎構造を創り上げることである。

著者は、これまで、年金・医療・介護の三つ葉を支える橋桁政策としての少子化対策ではなく、社会保障に「育児」を組み込み、年金・医療・育児・介護の四つ葉のクローバーとしての社会保障政策こそが、人間の一生を包括的に支援する仕組みの創造につながると主張[*94]してきた。そのためには、①子ども・子育て財源の統合を図り、②実施主体について市町村を中心に再構築し、③すべての子どもを対象とする包括的なシステムを創設し、④社会保険システムも有効に活用して、子育て財源の大幅増加を図ることが必要とされる。そのことが切れ目のない支援を生み、ソーシャル・インクルージョンや利用者主権、社会連帯にかなう仕組みの創設につながる。子ども・子育て支援制度の創設により、利用者の権利を強化する個人給付の仕組みが障害児支援に続いて保育分野にも導入され、また、財源の流れは一元化に向けて一歩を踏み出した。前述した平成15年の報告書では、一種の社会保険の仕組みとして提案されたが、その後の検討を経て社会連帯の理念により近い税である消費税財源を追加投入することにより、人間の一生はいわゆる四つ葉のクローバーによる保障として歩み始めることとなった。このことが、子ども・子育て支援制度創設の最も大きな意義といえる。

（3）公民の協働

政策目標としてのソーシャル・インクルージョンは、ゆっくりとではあるが政策的に進展が図られている。ちなみに、平成22年1月に閣議決定された「子ども・子育てビジョン」では、「一人ひとりの子どもの置かれた状況の多様性を社会的に尊重し（インクルージョン）」と謳っている。ひとり親家庭の子どもや障害のある子ども、社会的養護を必要とする子ども、定住外国人の子ども等、特に支援が必要な子どもを含めて、インクルージョンの概念で、「子どもの貧困や格差の拡大を防ぐ」と提起している。このように、平成12年に提起されたソーシャル・インクルージョンは、現代の政策目標として子ども家庭福祉分野にも位置付けられつつある。そして、その動きは、平成26年1月施行の子どもの貧困対策の推進に関する法律につながっていくのである。

さらに、ソーシャル・インクルージョンは、民間分野においても主張されるようになりつつある。貧困、虐待、孤独死等、社会福祉のひずみの増大に対応し、全国社会福祉協議会が平成22年12月にまとめた「全社協・福祉ビジョン２０１１」[＊95]では、「さまざまな福祉課題・生活課題の多くは、家庭機能の低下、地域社会の機能の脆弱化と深く関わっている」と指摘し、特に、「子どもの貧困、虐待などについては、世代間を連鎖するという深刻な問題も指摘されています」と指摘している。さらに、そのような社会における生活問題

＊94　筆者はこの視点を、社会福祉制度再構築の基本視点として重要視している。また、四つ葉のクローバーの考え方については、柏女霊峰（2008）『子ども家庭福祉サービス供給体制——切れ目のない支援をめざして』中央法規、を参照いただきたい。

＊95　全国社会福祉協議会（2010）『全社協　福祉ビジョン2011』、2頁、ii。

の解決にあたっては、「現在の福祉課題・生活課題の多くは、つながりの喪失と社会的孤立といったことと関わりが深く……」と認識し、制度内の福祉サービスの改革とともに、制度外の福祉サービス・活動の開発・展開を主張している。つまり、公民の協働が必要とされているのである。

（4）社会連帯、ソーシャル・インクルージョンと公的責任（国家責任）論

このように、子ども・子育て支援制度創設にあたっては、「社会連帯」と「ソーシャル・インクルージョン」が主要な理念、政策目標として制度を通底していることが必要といえる。しかしながら、子どもの最善の利益を保障する政府の公的責任（国家責任[*96]）論も、これまでの福祉を牽引してきた重要な政策理念であり、この視点から、前述した3党合意による修正が進められてきたと見るべきである。すなわち、児童福祉法第24条に基づく保育の実施義務の継続、幼保連携型認定こども園の実施主体からの株式会社の排除等がこれに該当する。つまり、この点が、子ども家庭福祉の固有性に相当する部分である。社会福祉としての普遍性を追求しつつも子ども家庭福祉の固有性を排除しない姿勢は、政策の複雑化を生み出すこととなる。子どもも家庭福祉の社会福祉としての普遍性と、子ども家庭福祉としての固有性の整合化は、この制度の最も大きな課題である。

とはいえ、新制度の目玉ともいうべき幼保連携型認定こども園の創設は、保育や保護者支援等のサービスを包括的、一元的に提供できる体制の実現を目指すものといえる。まさに、ソーシャル・インクルージョンの視点からの政策であるといえ、また、保育三元化（保育所、幼稚園、認定こども園）の回避、利用者に対するわかりやすさの観点からも、幼保連携型認定こども園の普及が図られる必要がある。新制度の創設はその一歩を歩みだすものであるが、その道のりはまだ始まったばかりである。

3　子ども・子育て支援制度と社会づくり、人づくり

(1) 子ども・子育て支援制度と社会づくり

これまで見てきたとおり、子ども・子育て支援制度は、いわゆる社会づくりの視点から生まれた制度であるといえる。すなわち、わが国が21世紀に突入し、いわゆる社会福祉基礎構造改革を経てソーシャル・インクルージョンへの注目がなされ、その結果、インクルーシヴな社会づくりが必要と認識されたことが大きいといえる。その根底には、これまでの社会福祉の理念である保護的福祉（ウェルフェア）から、自己実現社会を目指すというウェルビーイング社会への動きを認めることができる。子ども・子育て支援制度はいわば利用者主権を重視する給付制度であり、こうした動向の一環として創設されたといえるであろう。今後はそのための手法として、包括的一元的な社会づくりと地域包括ケアが注目される必要があり、高齢者福祉分野や障害者福祉分野にその進展を見ることができる。

一方、子ども家庭福祉・保育分野は、後述するように、保育・子育て支援、障害児支援、社会的養護等、制度的に領域別分断が顕著であり、地域包括ケアが進みにくい土壌にある。今後、それらを克服していくこと、すなわち包括的で一元的な子ども家庭福祉サービス供給体制を実現していくことが求められるが、いわ

＊96　いわゆるパレンス・パトリエ（parens patriae）に基づくもので、親によって保護と救済が十分に受けられない児童を、国家が親に代わって保護と救済を行うという考え方である。戦後に創設された措置制度ならびに措置費制度は、この考え方に基づいている。

ばその先駆けとされるのが子ども・子育て支援制度と位置付けられる。子ども・子育て支援制度の創設は、包括的一元的なシステム創設の一里塚としての意義を有している。

ところが、子ども・子育て支援制度は、高齢者福祉、障害者福祉の視点とシステムを援用する制度改革といえるが、その後の検討過程や修正協議で、個人給付の問題点を補完するための行政の関与が大幅に強化され、複雑な制度となってしまった。この点については、前述のとおり、高齢者福祉、障害者福祉に見られる分権化とプライバタイゼーションについて、子ども家庭福祉・保育分野においてどのように対応すべきかが重要な論点であり、今後の大きな課題とされる。

（2）子ども・子育て支援制度と人づくり

こうした社会づくりの視点からの制度創設の動きがある一方で、子ども・子育て支援制度は、人生早期からのいわゆる人づくり政策としての色彩も帯びることとなる。特に、民主党政権がマニフェストとして掲げていた幼保一体化は、親の事情に左右されず地域で子どもを育てる土壌づくり、保育に欠ける・欠けないにかかわらず同じ施設で学び生活できる社会をつくる、という社会づくり政策であると同時に、幼児期の教育の充実という人づくり政策の一環でもある。すなわち、子どもの育ちが変わり、また、国際競争力が問われるなかで、わが国においてどのような人材が必要かの議論が必須のこととなり、子どもをどう育てるのかの議論の必要性が提起されたのである。

そうしたなか、ＯＥＣＤ諸国をはじめとする諸外国の、人生の早期からの人づくりの大切さに注目が集まり、わが国においてもいわゆる「幼児期の教育の振興」に関心が高まることとなったのである。その方法として、幼児期の教育に対する社会的投資の拡大、公教育の年齢を下げるなどの方法が検討の俎上に上り、一方で新しい概念である子どもの貧困問題等への対応のため、平成21年5月に文部科学省の研究会が取りまとめた中間報告「幼児教育の無償化について」[*97]以降、政権交代によって塩漬けされていた幼児期の教育の無償化論議が、再び活性化してくることとなったのである。

（3）社会づくりと人づくりの統合化としての、子ども・子育て支援制度

こうした二つの動向が結節したものが、いわゆる子ども・子育て支援制度の創設といってよい。したがって、この制度の背景は、以下の4点に取りまとめられる。すなわち、①待機児童対策、②地域の子どもを親の事情で分断しない、親の生活状況が変化しても同じ施設に通える、③幼児期の教育の振興、3歳以上の子どもに学校教育を保障、④全世代型社会保障の実現、である。

まず、第3次ベビーブームとその後の就学前児童の大幅減少を見越した、これまでのいわゆる詰め込み政策では、待機児童解消が困難であることが新制度検討の大きな要因となっている。

第二に、地域の子どもを親の事情で保育所と幼稚園に分断せず、ともに育てていこうという幼保一体化の視点がある。

第三に、世界的趨勢となっている幼児期の教育の振興にならい、幼児期に対する社会的投資を行うことが社会の安定につながるという視点がある。

そして、最後に、高齢者に偏っている社会保障給付を子ども、若者世代の支援にも充当し、高齢者中心型

＊97　文部科学省の研究会が平成21年5月に取りまとめた、幼児教育の無償化に関する中間報告である。幼稚園、保育所等に通園する3～5歳児の保育料の無償化と、その仕組みのあり方を提言している。著者も研究会委員として参画した。

社会保障から全世代型社会保障に転換していくことが必要という認識がある。

こうした視点から、これまで年金、医療、介護に用いられていた財源を子ども・若者にも充当するという観点から、社会保障・税一体改革による社会保障制度再構築と税制改革を一体実施する現政府の方針の一環として、新制度導入に至ったということができる。したがって、その政策ターゲットは、就学前保育や地域子育て支援、放課後児童クラブのみならず社会的養護や障害児支援も含まれなければならないのである。

4　子ども・子育て支援新制度の今後の課題とその克服に向けて

こうして見てくると、子ども・子育て支援制度の今後の理念的課題が見えてくる。その根本は社会づくりと人づくりという異なる視点の統合であり、両者を同時進行で実現していくことにある。そのための課題は大きく、以下の6点にまとめられる。以下、順次、課題とその克服に向けての若干の提言について述べていくこととしたい。

(1) 子育ての社会化はどこまでか

まずは、子育ての社会化をどうとらえるかという、社会のあり方を問う論点である。介護保険制度は、「介護は社会全体で担う」ことに合意して出発した経緯を持つ。しかしながら、子育ては、子どもの権利条約においても「親の第一義的責任」が国際的合意である。このことを前提としつつ、子育てに対する「社会的支援」をどこまで行うのかについての社会的合意は、いまだ十分になされているとはいえない。そうした状況のなかで新制度は創設される。保育の必要性の認定により利用できる保育時間の上限は設定され、上限まで利用したとしても保育料は変わらない。このことが、保育サービスの濫用を招く危惧は否定できない。今後、少子化に伴う保育サービスの供給過剰と相まって、子育ての過度なサービス依存が進むことも想定され、「子育てはだれがどこまで行うのか」の議論は、いずれ本格的な議論を要するテーマとなるであろう。

（2）幼児期の教育の質の向上が図れるか、保育者の確保ができるか

第二は、幼児期の教育の質の向上が図れるかという、いわゆる人づくりとしての論点である。新制度の意義の一つに、希望するすべての子どもに学校教育を提供することがあるが、保育が学校教育になったからといってその質が向上するわけではない。教育の質の向上のためには、職員配置基準の向上、新規専門職の配置、待遇の向上等が不可欠であり、また、研修機会の確保も重要である。

東京都保育士実態調査報告書[*98]によると、退職を考えている保育士の三大理由は、「給料が安い」「仕事量が多い」「労働時間が長い」であり、こうした声に対処していくことも必要とされる。良い人材が確保できなくては、良い教育はできない。子ども・子育て支援制度の成否を占う最重要課題といってもよい。

政府は、子ども・子育て支援制度に先立つ平成25年度、待機児童解消加速化プランを策定し、平成29年度末までに約40万人分の保育の受け皿を確保することとした。保育所等緊急整備事業や認定こども園整備事業がこれに相当し、整備が進められている。これに伴い、保育士不足が深刻な課題として指摘されている。子ども・子育て支援制度において保育士の処遇改善（3％の給与改善）も図られたが、それだけでは不十分である。

＊98　東京都（2014）『東京都保育士実態調査報告書』69頁。

また、政府は、平成27年1月に保育士確保プランを定め、保育士確保策に乗り出している。具体的には、保育対策総合支援事業費補助金を通じ、各種保育士確保対策を実施している。なかでも、保育士給与の3％アップの恒常化や、保育士・保育所支援センターを都道府県に設置して、人材確保、再就職支援の実施、就業継続支援や保育士資格取得支援等が進められている。しかし、保育士の給与はいまだ安く、保育士確保が最大の課題といえる。

（3）子ども家庭福祉・保育の基礎構造改革が実現できるか

第三は、すべての子どものウェルビーイングを目指すための、子ども家庭福祉・保育サービス供給体制の基礎構造改革が必要という点である。子ども家庭福祉に固有の論点といってよい。子ども家庭福祉・保育については、各分野がそれぞれの最善の利益を目指した制度改正を漸進的に続けてきた結果、子ども家庭福祉・保育供給システムは、保育、子育て支援、児童健全育成、幼児期の学校教育、障害児支援、社会的養護等、子どもと子育て家庭が置かれている状況によっていくつもの舞台に分かれ、蛸壺化してしまったことが挙げられる。このため、子ども家庭福祉・保育分野は、**図9-1**のように基礎構造の異なるシステムが入り組んで複雑化してしまい、切れ目の克服が最大の課題となっている。特に、実施体制の都道府県と市町村の二元制は、他の福祉分野とも異なる大きな特徴となった。

子どもと保護者は、生じた生活課題や子どものニーズごとにこれらの舞台を行き来することとなるが、実施主体や財源、支援者の援助観の相違等その間には深い溝があり、子どもや保護者がその溝に落ちてしまったり、それぞれを行き来する渡り廊下が狭くて苦労したりする事態も珍しくない。それぞれの舞台では支援者が優れた支援を行っているが、舞台が違うため交流も乏しく、それぞれのノウハウを共有することもでき

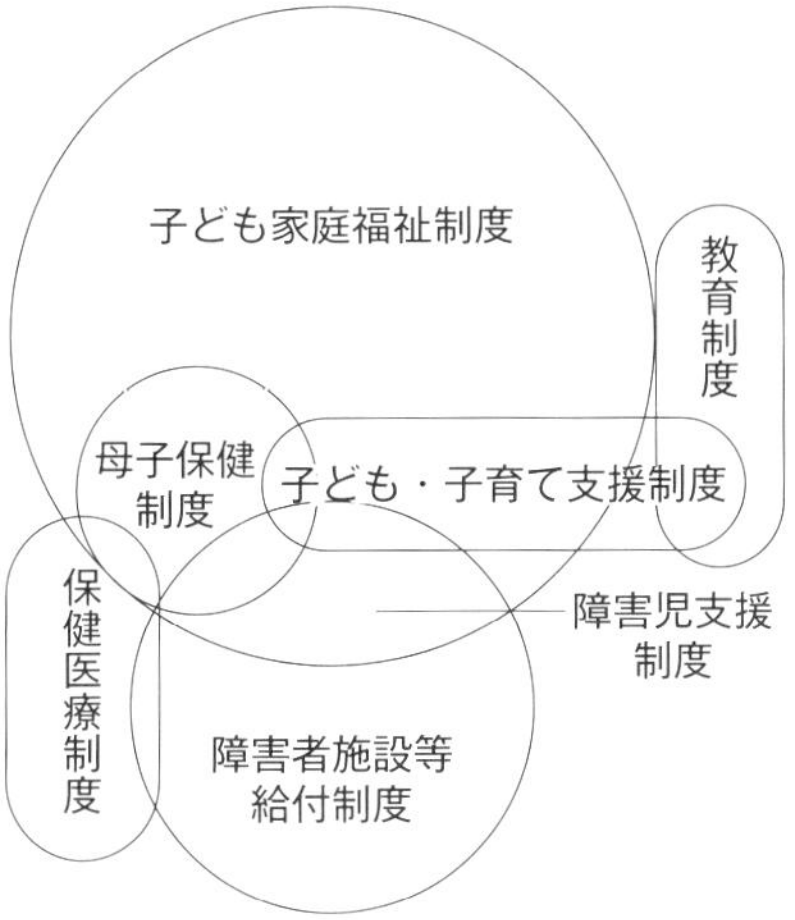

図 9-1　子ども・子育て支援制度の創設と新たな子ども家庭福祉制度体系

ていない。保育所と幼稚園という舞台も親の事情に基づく分断が長年続き、それぞれの実践や保護者の思い、子ども同士の交流等もほとんど行われてこなかった。

幼保連携型認定こども園は、こうした舞台間の溝をなくし、乳幼児期の子どもと保護者に包括的で一元的なサービスを提供できる社会資源となる可能性を有している。そのことは、地域で子どもを育てることにもつながる。また、障害を有する子どもが、子ども・子育て支援制度から排除されることのないよう、障害児支援にかかる専門的支援との協働を進める必要がある。子ども虐待防止における市町村と都道府県との、子どもの保護をめぐる対立もなくさなければならない。虐待等により家庭環境を奪われた子どもには、まず、家庭環境を優先して提供する社会にする必要がある。育児休業時の所得保障と乳児保育のトレードオフ関係を解消するため、財源と実施体制を一体化することも今後の大きな課題である。繰り返すが、子ども・子育て支援制度の検討は、こうした切れ目をなくし、インクルーシヴな社会を実現するための一里塚なのである。

（4）教育と福祉のミッション統合が図れるか

第四は、教育と福祉のミッションの統合である。子ども家庭分野においては、近年、教育と福祉分野のクロスオーバーが顕著である。スクールソーシャルワーカーの制度化や、児童福祉施設であり学校でもある幼保連携型認定こども園の創設、福祉職でありかつ教育職でもある保育教諭の誕生等がそれであり、大学では教育福祉学科の創設が一種のブームとなっている。しかし、ことはそう簡単ではない。福祉のミッションと教育のミッションをどのように統合させるのか、本格的な論議はこれからである。この点については、特に幼保連携型認定こども園の実践の集積に学ぶ必要がある。また、いわゆる「子育て支援」と「家庭教育」との整合化についても、理念の整理を含めた検討が必要とされる。

（5）専門職の統合、再構築が図れるか

第五は、第四の課題とも関連するが、対人援助専門職の人間観、援助観、ミッションの統合と援助職の再編が挙げられる。特に、教育観と福祉観の統合がなされた専門職の養成が、大きな課題となるであろう。教育福祉学の確立にもつながる課題である。これには、たとえば、保育教諭の倫理綱領作成等に取り組むことが大きな試金石となる。現在の全国保育士会倫理綱領[*99]を生かしつつ、教育的視点をいかに盛り込んでいけるか、そして、そのことを保育教諭が実践に落とし込んでいけるかが課題となる。福祉職としての保育士資格の再構築も大きな課題となる。早急に検討を開始すべきである。

また、本制度によって新たに創設される利用者支援専門員は、高齢者福祉の介護支援専門員、障害者福祉の障害者相談支援専門員等に比較して、資格要件や業務が異なっている。これらの利用者支援関係専門職の

資格要件や業務の違い等は、今後、改めて整理されなければならない。また、それらの専門職といわゆるソーシャルワーカーとの異同についても、論議されなければならないであろう。

（6）公民協働がどこまで図れるか

そして、第六が、民間活動の活性化である。子ども・子育て支援制度はあくまで制度である。制度的福祉は公平・公正を旨とするため、切れ目が生まれることが宿命といってよい。したがって、インクルーシヴな社会づくりを実現するためには、制度の充実だけでは不十分である。切れ目を埋める民間の制度外活動を活性化し、制度内福祉と制度外福祉との協働が必要とされる。制度の隙間を埋め、課題を抱える子どもや子育て家庭を早期に発見、支援し、必要に応じて専門機関につなぐなど、新制度と協働した民間のボランタリーな役割が重要となる。社会福祉法人等の公益法人には、そうした取り組みが求められる。

前述したとおり、全国社会福祉協議会は、平成22年12月に『全社協　福祉ビジョン２０１１』を策定した。また、平成24年3月には、「新たな子ども家庭福祉の推進基盤の形成に向けた取り組みに関する検討委員会」（委員長は著者）を設置した。そして、支援を必要とする子どもや子育て家庭等に対して、民間の関係団体等が連携・協働して予防、発見、見守り、支援、当事者の参加等を促すことができるよう、子ども家庭福祉にかかるプラットフォームを全国各地域において形成することを念頭に検討を進め、平成26年10月末

＊99　全国保育士会倫理綱領は福祉職としての保育士を強調し、「教え導く」専門職ではなく、子どもが自ら伸びる力を「支える」こと、親が自らの考えで行う子育てを「支える」こと、「子どもと子育てにやさしい社会をつくる」ことを、そのミッションとしている。

に報告書が提出された。

「子どもの育ちを支える新たなプラットフォーム――みんなで取り組む地域の基盤づくり」と題する報告書は、子ども・子育て支援制度の創設を機に、制度上の課題と民間サイドの取り組みの視点を整理し、地域の基盤づくりとしてのプラットフォームの意義と、想定される活動例を取り上げている。さらに、プラットフォームの基本機能ならびにその立ち上げと展開に向けた具体的取り組みや手順を整理し、15の先駆的事例[*100]を取り上げている。

こうしたプラットフォームが基盤となって個々の子どもや家庭に対する支援ネットワークが形成され、その結果、制度内福祉と制度外福祉の協働が進み、切れ目のない支援が実現していくこととなるのである。社会福祉法人の見直し論議が本格化するなかにあって、今後、社会福祉法人やＮＰＯ等が中心となってこうした民間主体の制度外福祉活動の展開基盤、プラットフォームが、各自治体や区域に整備されていくことが求められる。

おわりに――これからの子ども家庭福祉の座標軸

これまで、子ども・子育て支援制度創設を素材として、子ども家庭福祉の今後のあり方を俯瞰してきた。これからの子ども家庭福祉の理念に深く関わる座標軸は、以下の四つである。

第一は、「子どもの最善の利益」の保障である。この価値は、平塚（2004）[*101]のいう社会的価値のなかでも、子ども家庭福祉に根源的な価値であるといえる。

第二は、それを保障するための「公的責任（国家責任）」である。これは、親によって保護が受けられない子どもを国家が親に代わって保護・救済を行うという、いわゆるパレンス・パトリエ（parens patriae国親思想）に基づく原理である。

第三は、人と人とのゆるやかなつながりを目指す「社会連帯」である。それは、本人の責に帰するべきでないことを社会全体で支え合うことを指す。

そして、最後に、「子どもの能動的権利の保障」、すなわち、子どもの権利に影響を与える事柄の決定への参加の保障が挙げられる。

公的責任と社会連帯といういわゆる公助と共助の視点に、市場に基づくサービス供給体制の多元化をどのように組み込んでいき、かつ、社会的排除（ソーシャル・イクスクルージョン social exclusion）や制度間の切れ目をなくしていくことができるかが検討課題となる。そのためには、社会福祉法人やＮＰＯ法人等、民間の地域公益活動等の活性化も必要とされる。つまり、公助、共助、自助の最適ミックスによって、政策

＊100　たとえば、ＮＰＯ法人ふらっとスペース金剛では、校区福祉委員会、市社協、保健センター、幼稚園、保育園、文化事業財団、小学校、中学校と協力し、親子が気軽に立ち寄れる居場所を提供している。また、定期的につながりを持つための関係機関へのアウトリーチ型の活動として、月1回、つどいの広場事業（地域子育て支援拠点事業）のスタッフが公立幼稚園の園庭開放を訪問し未就園の親子と関わる、月1回、校区福祉委員会が実施している「子育てサロン」にスタッフが出向き地域の支援者や親子と関わる、つどいの広場事業のスタッフが保健センターで実施されている4か月児健診を訪問し待ち時間を利用して健診に来ている親と話をする、などの制度外活動を展開している。

＊101　平塚は、「社会的価値は、社会全体において人間福祉に関する価値意識に基づき社会福祉をはじめとするヒューマン・サービス制度全体の基本的な在り方を方向づけ、決定する価値である」とし、この価値が政策的な価値に影響を与えること、社会的価値の諸価値は総合に矛盾することがあること、生活支援にとって重要な価値は社会的に合意されることが必要であることなどを指摘している。平塚良子（2004）「人間福祉における価値」秋山智久・平塚良子・横山譲『人間福祉の哲学』ミネルヴァ書房、92-93頁。

目標としてのソーシャル・インクルージョンを実現する社会のありようを模索することが、最も必要とされているのである。

子ども家庭福祉において、子どもの最善の利益を図る公的責任は必須である。そのことは、近年の子ども虐待問題の深刻さを見れば明らかである。しかし、その一方で、公的責任のみが重視されることは、人と人とのつながり、社会連帯の希薄化をますます助長することとなり、公的責任の範囲は限りなく拡大していくこととなる。また、公的責任の下に置かれている子どもの存在を、社会全体の問題として考える素地を奪ってしまうことにもつながる。

これまでの子ども家庭福祉は、いわゆる「公的責任＝国家責任」論により展開されてきた。子ども・子育て支援制度の創設は、この子ども家庭福祉の世界に、「社会連帯」の原理を持ち込むこととなった。そのせめぎあいにより、たとえば児童福祉法第24条の保育の実施方式が国会修正により残ることとなるなど、制度の複雑化が進むこととなった。

これからの子ども家庭福祉は、「子どもの権利保障」と「子育て支援」を根幹にすえながら、「子どもの最善の利益を図る公的責任」の視点と、「社会福祉における利用者主権、サービスの普遍性」確保の視点、「社会連帯による次世代育成支援」すなわち、つながりの再構築という視点、の三つを整合化させるという困難な課題に立ち向かっていかなければならないのである。そのためには、子ども家庭福祉の原理を問い直すことが、最も必要とされる。子ども家庭福祉の理念を問うことは、まさに、この国や社会のあり方そのものを問うこととともなると、自覚しなければならない。

おわりに

「今回の報告書の理念は、報告書の表題である『社会連帯による次世代育成支援に向けて』に凝縮される。それは、「孤立から共生へ」、「分断からつながりへ」という、現代社会のありようの転換をめざすものでもある。

20世紀、私たちは効率と進歩を求めてひた走りに走ってきた。その結果、豊かで便利な社会になったが、その陰で捨て去られてきたものも大きい。たとえば、地域社会の互助が崩壊し、そのことが、子育て分野においては、少子化や子ども虐待の増加や少年による凶悪犯罪の増加として顕現しているのである。

子どもを生まない、育てないこの国、子育ち・子育て、いのちを育むことを社会的に評価することのないこの国のありように対し、今回の提案は、新しい次世代育成支援の考え方を提示しつつ、この国のありようを転換させるためのいわば対案として提示されたものである」

いささか長い引用になったが、この文章は、著者が『保育界』第３４９号（日本保育協会 2003）に、「次世代育成支援施策のあり方に関する研究会報告書を読む」の表題で書いた、原稿の一部である。いわば、子ども・子育て支援制度創設のもとになった報告書の著者の位置付け、といってもよい。そして、その問題認識は、それから12年たった本書においても基本的には変わっていない。

わが国の子ども家庭福祉はこれまで、子どもの最善の利益を保障しようとする「国家、行政の責任」（公的責任）を最重要視して進展してきた。その基盤の上に、平成27年度から「社会連帯」、すなわち社会全体で支援するという視点を持つ、子ども・子育て支援制度が創設されたのである。本書は、その全体像を示そうと試みたものである。

本書は、社会福祉士や保育士を目指す学生のためのテキストである『子ども家庭福祉論［第4版］』のいわば姉妹編ともいうべき書である。また、前著である『子ども家庭福祉・保育の幕開け』の続編でもある。したがって、他書に収録された論文もあるが、基本的には両著作と対をなすものとして、誠信書房からの出版を希望した。こうした著者のわがままな希望を快く受け入れ、校正等にご尽力いただいた誠信書房の中澤美穂編集部長に心よりお礼申し上げる。

なお、本書は、著者にとって12冊目の単著である。前著は本書の下敷きとなった『子ども家庭福祉・保育の幕開け』であり、それは、東日本大震災の年に書かれた。それから4年以上が過ぎ、その間、父もこの世を去った。また、著者も還暦を過ぎた。これまでのほとんどの著作が、子ども家庭福祉の変化を時代とともに走りながら見つめ、いわば覚書として記してきたものである。そのことを否定するわけではないが、これからはこれまでの歩みを振り返りつつ、子ども家庭福祉の原理に照らしながら、一つひとつの動向を整理しつつ位置付けていきたいと思い始めている。それが、著者の研究の到達目標である、「子ども家庭福祉学序説」の作成に資すると考えるからである。

著者

引用・参考文献

相澤仁・柏女霊峰・澁谷昌史（2012）『子どもの養育・支援の原理――社会的養護総論』明石書店

秋山智久・平塚良子・横山譲（2004）『人間福祉の哲学』ミネルヴァ書房

新たな子ども家庭福祉の推進基盤の形成に向けた取り組みに関する検討委員会（2014）『子どもの育ちを支える新たなプラットフォーム――みんなで取り組む地域の基盤づくり』全国社会福祉協議会

林信明（2014）「社会連帯」日本社会福祉学会事典編集委員会編『社会福祉学事典』丸善出版

放課後児童クラブガイドラインの見直しに関する委員会（みずほ情報総研株式会社設置）（2015）『放課後児童クラブガイドラインの見直しに向けた調査報告書』みずほ情報総研株式会社

放課後児童クラブガイドラインの見直しに向けた研究会（みずほ情報総研株式会社設置）（2015）『放課後児童クラブガイドラインの見直しに向けた調査』報告書

放課後児童クラブにおけるガイドラインに関する研究会（みずほ情報総研株式会社設置）（2007）『放課後児童クラブにおけるガイドラインに関する調査研究』報告書、平成18年度児童関連サービス調査研究等事業報告書

放課後児童クラブの基準に関する専門委員会（2013）『社会保障審議会児童部会放課後児童クラブの基準に関する専門委員会報告書――放課後児童健全育成事業の質の確保と事業内容の向上をめざして』

放課後児童クラブの運営内容に関する研究会（2013）『放課後児童クラブの運営内容に関する調査研究――改訂版・放課後児童クラブガイドライン』平成24年度児童関連サービス調査研究等事業報告書

放課後児童支援員認定資格研修教材編集委員会編（2015）『認定資格研修の解説と講義概要』中央法規

石川県（2008）『児童虐待の早期発見対応指針及び保護支援指針における運用マニュアル』

柏女霊峰（2002）「巻頭言　子ども家庭福祉学の責任」『子ども家庭福祉学』第2巻、日本子ども家庭福祉学会

柏女霊峰編著（2005）『市町村発子ども家庭福祉』ミネルヴァ書房

柏女霊峰（2008）『子ども家庭福祉サービス供給体制――切れ目のない支援をめざして』中央法規

柏女霊峰（2011）『子ども家庭福祉・保育の幕開け――緊急提言　平成期の改革はどうあるべきか』誠信書房

柏女霊峰（2014）「子ども・子育て支援制度の概要とその背景並びに意義・課題」『家庭教育研究所紀要』第36集、日立家庭教育研究所

柏女霊峰（2014）「子ども・子育て支援新制度と保育」『保育年報　２０１４』全国保育協議会・全国社会福祉協議会

柏女霊峰（2014）「子ども・子育て支援制度の検討とその他の新しい動向について」『子ども家庭福祉論［第３版補遺］』誠信書房

柏女霊峰（2014）「幼保連携型認定こども園教育・保育要領の理解を進める」『保育年報　２０１４』全国保育協議会・全国社会福祉協議会

柏女霊峰（2014）「子ども・子育て支援新制度と保育」全国保育協議会編『保育年報　２０１３』全国社会福祉協議会

柏女霊峰（2014）「子ども・子育て支援新制度の検討と子ども・子育て会議」『生活協同組合研究』２０１４年３月号、生協総合研究所

柏女霊峰（2014）「子ども・子育て支援新制度の検討とこれからの保育」『ぜんほきょう』２０１４年５月号、全国社会福祉協議会

柏女霊峰（2014）「幼保連携型認定こども園教育・保育要領を読む」全国保育士会編『幼保連携型認定こども園教育・保育要領を読む』全国社会福祉協議会

柏女霊峰（2014）「幼保連携型認定こども園教育・保育要領が公示されました」全国保育士会編『保育士会だより』２６１号、全国社会福祉協議会

柏女霊峰（2014）「幼保連携型認定こども園教育・保育要領の理解を進める――その概要及び内容の留意点について」全国保育協議会編『保育年報　２０１４』全国社会福祉協議会

柏女霊峰（2014）「子ども・子育て支援新制度と社会福祉法人の役割」『経営協』３７４巻、平成26年11月号、全国社会福祉法人経営者協議会

柏女霊峰（2014）「子ども・子育て支援新制度とこれからの放課後児童クラブ」『日本の学童保育』２０１４年６月号、全国学童保育連絡協議会

柏女霊峰（2015）「補章　子ども・子育て支援制度について」網野武博・柏女霊峰・渋谷昌史編『児童や家庭に対する支援と児童家庭福祉制度［第５版］』中央法規

柏女霊峰（2015）『子ども家庭福祉論［第４版］』誠信書房

柏女霊峰（2015）「幼保連携型認定こども園教育・保育要領を読み解く――政府の解説書を踏まえて」全国社会福祉協議会編『幼保連携型認定こども園教育・保育要領解説を読む』全国社会福祉協議会

柏女霊峰（2015）「連携してすすめる地域の子育て支援」全国保育士会編『保育士会だより』２６５号、全国保育士会

柏女霊峰（2015）「これからの障害児支援――障害児支援の在り方に関する検討会報告書を踏まえて」『月刊福祉』２０１５年２月号、全国社会福祉協議会

柏女霊峰（2015）「社会福祉基礎構造改革から子ども・子育て支援制度へ」『月刊福祉』２０１５年６月号、全国社会福祉協議会

柏女霊峰（2015）「障害児支援の在り方に関する検討会報告書とこれからの障害児支援」『アスペハート』39巻、特定非営利活動法人アスペエルデの会

柏女霊峰監修・橋本真紀編（2015）『子ども・子育て支援新制度　利用者支援事業の手引き』第一法規

子ども・子育て支援マネジメントシステム検討プロジェクト（2014）『区市町村による利用者支援事業の実施に向けて』東京都社会福祉協議会

子どもの村福岡編（2011）『国連子どもの代替養育に関するガイドライン――ＳＯＳ子どもの村と福岡の取り組み』福村出版

厚生労働省社会保障審議会児童部会児童虐待等要保護事例の検証に関する専門委員会『子ども虐待による死亡事例等の検証結果等について』第１次報告‐第10次報告

厚生労働省・障害児支援の在り方に関する検討会（2014）『今後の障害児支援の在り方について――「発達支援」が必要な子どもの支援はどうあるべきか』厚生労働省

子育てひろば全国連絡協議会編（2015）『利用者支援事業の実践のために』

子育て支援コーディネーター調査研究委員会（2013）『子育て支援コーディネーターの役割と位置づけ［報告書］』概要版、子育てひろば全国連絡協議会

こうのとりのゆりかご検証会議編（2010）『「こうのとりのゆりかご」が問いかけるもの――いのちのあり方と子どもの権利』明石書店

ママ・パパ子育て応援ＢＯＯＫ編集委員会編（2012）『抱きしめてあげたい――あなたは一人じゃない、大丈夫』石川県

松戸市子ども部子育て支援課（2015）「身近な子育ての総合的な相談者「子育てコーディネーター」について」『こども未来』平成26年度第3号、こども未来財団

内閣府（2013）『全国自治体の子育て支援施策に関する調査』

内閣府（2013-2015）子ども・子育て会議等資料

内閣府・文部科学省・厚生労働省（2014）『幼保連携型認定こども園教育・保育要領解説』

内閣府・文部科学省・厚生労働省（2014）「幼保連携型認定こども園教育・保育要領説明資料」『幼保連携型認定こども園教育・保育要領中央説明会資料』

日本学童保育学会編（2012）『現代日本の学童保育』旬報社

日本社会福祉学会事典編集委員会編（2014）『社会福祉学事典』丸善出版

野中賢治（2013）「放課後児童指導員に求められる資質・技能と資格について」厚生労働科学研究費補助金　成育疾患克服等次世代育成基盤研究事業『仕事と子育ての両立を支援するサービスの連続性と整合性並びに質の評価に関する基礎的研究』（平成22-24年度　研究代表者：藤林慶子）

佐藤まゆみ（2012）『市町村中心の子ども家庭福祉――その可能性と課題』生活書院

社会保障審議会児童部会（2003）『児童虐待への対応等要保護児童及び要支援家庭に対する支援のあり方に関する当面の見直しの方向性について』

社会保障審議会児童部会社会的養護専門委員会（2007）『社会的養護体制の充実を図るための方策について』

社会保障審議会児童部会社会的養護専門委員会（2011）『社会的養護の課題と将来像』

社会的養護第三者評価等推進研究会（2013）『社会的養護関係施設における「自己評価」「第三者評価」の手引き』全国社会福

祉協議会

渡辺顕一郎・橋本真紀編著、子育てひろば全国連絡協議会編集（2015）『詳解 地域子育て支援拠点ガイドラインの手引［第2版］』中央法規

幼保連携型認定こども園保育要領（仮称）の策定に関する合同の検討会議（2014）『幼保連携型認定こども園保育要領（仮称）の策定について』

吉田正幸監修・全国認定こども園協会編著（2014）『認定こども園の未来――幼保を超えて』フレーベル館

全国保育協議会保育施策検討特別委員会（2013）『「子ども・子育て支援新制度」対応が必要な事項や課題等について』全国保育協議会

全国里親委託等推進委員会（2014）『里親支援専門相談員及び里親支援機関の活動、里親サロン活動に関する調査報告書』

全国社会福祉協議会（2010）『全社協 福祉ビジョン２０１１――ともに生きる豊かな福祉社会をめざして』

初出一覧（※本書掲載にあたり、すべての文献に加筆・修正を施した）

第1章　子ども・子育て支援制度の概要

柏女霊峰（2015）「第9章　子ども家庭福祉の計画的進展と子ども・子育て支援制度の創設」『子ども家庭福祉論［第4版］』誠信書房、など

第2章　子ども・子育て支援制度と保育

柏女霊峰（2015）「第13章　保育サービス」『子ども家庭福祉論［第4版］』誠信書房、など

第3章　幼保連携型認定こども園教育・保育要領を読み解く

全国社会福祉協議会編（2015）『幼保連携型認定こども園教育・保育要領解説を読む』全国社会福祉協議会、など

第4章　子ども・子育て支援制度と地域子育て支援

柏女霊峰（2015）「第12章　地域子育て支援サービス」『子ども家庭福祉論［第4版］』誠信書房、など

第5章　利用者支援事業

柏女霊峰監修・橋本真紀編（2015）「第1章　子ども・子育て支援制度の創設と利用者支援事業」『子ども・子育て支援新制度　利用者支援事業の手引き』第一法規

第6章　放課後児童健全育成事業

放課後児童支援員認定資格研修教材編集委員会編集（2015）「第1章　子ども・子育て支援新制度と放課後児童クラブ」「第2章　放課後児童クラブ運営指針の策定の背景と意義」『放課後児童支援員都道府県認定資格研修教材――認定資格研修のポイントと講義概要』中央法規

第7章　子ども・子育て支援制度と社会的養護

柏女霊峰（2014）「子ども・子育て支援新制度（社会的養護の課題と将来像）と社会的養護」『発達』１４０号、ミ

ネルヴァ書房

柏女霊峰（2015）「第16章　社会的養護サービス」『子ども家庭福祉論［第4版］』誠信書房

第8章　子ども・子育て支援制度と障害児支援

柏女霊峰（2015）「これからの障害児支援」『月刊福祉』98巻2号、全国社会福祉協議会

柏女霊峰（2015）「第15章　障害・難病児童福祉サービス」『子ども家庭福祉論［第4版］』誠信書房

第9章　子ども・子育て支援制度の意義と今後の課題

柏女霊峰（2015）「子ども・子育て支援制度の概要とその背景並びに意義・課題」『家庭教育研究所紀要　2014』36号、公益財団法人小平記念日立教育振興財団日立家庭教育研究所

柏女霊峰（2015）「社会福祉基礎構造改革から子ども・子育て支援制度へ」『月刊福祉』6月号、全国社会福祉協議会、など

著者紹介

柏女 霊峰（かしわめ　れいほう）

1952年　福岡県生まれ

1976年　東京大学教育学部教育心理学科卒業

1976～86年　千葉県児童相談所心理判定員

1986～94年　厚生省児童家庭局企画課（'91 年 4 月より児童福祉専門官）

1994年　淑徳大学社会学部助教授

現　在　淑徳大学総合福祉学部社会福祉学科教授・同大学院教授。臨床心理士。子ども・子育て会議委員，社会保障審議会児童部会社会的養護専門委員会委員長，東京都児童福祉審議会副会長，東京都子供・子育て会議会長，流山市子ども・子育て会議会長，石川県顧問，浦安市専門委員など。

主著（単著）『現代児童福祉論』誠信書房 1995,『児童福祉改革と実施体制』ミネルヴァ書房 1997,『児童福祉の近未来』ミネルヴァ書房 1999,『子ども家庭福祉のゆくえ』中央法規 2001,『子育て支援と保育者の役割』フレーベル館 2003,『次世代育成支援と保育』全国社会福祉協議会 2005,『こころの道標』ミネルヴァ書房 2005,『子ども家庭福祉・保育のあたらしい世界』生活書院 2006,『子ども家庭福祉サービス供給体制』中央法規 2008,『子ども家庭福祉論』誠信書房 2009,『子ども家庭福祉・保育の幕開け——緊急提言平成期の改革はどうあるべきか』誠信書房 2011

監修・編著『新しい子ども家庭福祉』ミネルヴァ書房 1998,『新時代の保育サービス』フレーベル館 2000,『子ども虐待教師のための手引き』時事通信社 2001,『児童虐待とソーシャルワーク実践』ミネルヴァ書房 2001,『家族援助論』ミネルヴァ書房 2002,『ソーシャルワーク実習』有斐閣 2002,『市町村発子ども家庭福祉』ミネルヴァ書房 2005,『これからの保育者に求められること』ひかりのくに 2006,『これからの児童養護』生活書院 2007,『児童福祉論』中央法規出版 2009,『児童福祉』樹村房 2009,『社会福祉援助技術』樹村房 2009,『子ども家庭福祉の新展開』同文書院 2009,『事例でわかる！保育所保育指針・幼稚園教育要領』第一法規 2009,『改定版・全国保育士会倫理綱領ガイドブック』全国社会福祉協議会 2009,『保護者支援スキルアップ講座』ひかりのくに 2010,『保育学研究倫理ガイドブック』フレーベル館 2010,『こうのとりのゆりかごが問いかけるもの』明石書店 2010,『社会的養護とファミリーホーム』福村書店 2010,『増補保育者の保護者支援——保育相談支援の原理と技術』フレーベル館 2010,『保育相談支援』ミネルヴァ書房 2011,『子どもの養育・支援の原理——社会的養護総論』明石書店 2012,『改訂版・医療現場の保育士と障がい児者の生活支援』生活書院 2013,『社会福祉用語辞典［第 9 版］』ミネルヴァ書房 2013,『保育用語辞典［第 8 版］』ミネルヴァ書房 2015,『児童家庭福祉［改訂 2 版］』全国社会福祉協議会 2015,『児童や家庭に対する支援と児童・家庭福祉制度［第 5 版］』中央法規 2015,『子ども・子育て支援新制度　利用者支援事業の手引き』第一法規 2015,『放課後児童支援員認定資格研修認定資格研修のポイントと講義概要』中央法規 2015 など

子《こ》ども・子育《こそだ》て支援制度《しえんせいど》を読《よ》み解《と》く
——その全体像《ぜんたいぞう》と今後《こんご》の課題《かだい》

2015年10月 1 日　第1刷発行
2017年 3 月10日　第2刷発行

著　者　柏　女　霊　峰

発行者　柴　田　敏　樹
印刷者　西　澤　道　祐

発行所　株式会社　誠　信　書　房
〒112-0012 東京都文京区大塚 3-20-6
電話　03 (3946) 5666
http://www.seishinshobo.co.jp/

印刷／あづま堂印刷　製本／イマキ製本所
検印省略　落丁・乱丁本はお取り替えいたします
ISBN978-4-414-60155-8 C3036　Printed in Japan

子ども家庭福祉論

［第４版］

柏女霊峰 著

児童福祉法や関連法の成立から現代に至る変遷，改正後の展望など，子ども家庭福祉全般についての制度の現状・理念・制度・方法をわかりやすく解説。今改訂では，子ども・子育て支援法をはじめとする関連３法に基づき平成 27 年度より開始された「子ども子育て支援新制度」を中心に，大きな加筆・修正が施されており，関係者は必読である。

主要目次

A5判並製　定価（本体2400円＋税）

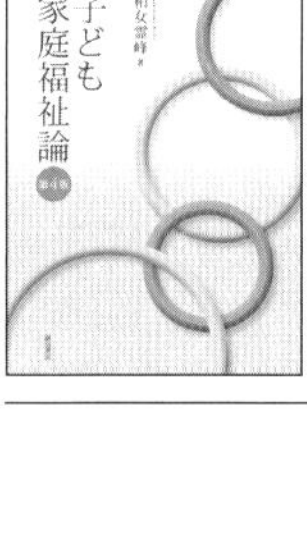

子ども家庭福祉・保育の幕開け

緊急提言　平成期の改革はどうあるべきか

柏女霊峰 著

今，子ども家庭福祉は大改革を迎えている。「子ども・子育て新システムの基本制度案要綱」が少子化社会対策会議で決定されたが，子どもの育ち，子育ての実態と制度との乖離の未解消感は否めない。本書は，民主党政権下で進められた制度改革の動向を整理・考察し，行政実施体制と財源の一元化を目指す必要性を示した力作。

主要目次

A5判上製　定価（本体3400円＋税）